PowerPoint 365 - Teil

Der einfache Einstieg für alle Altersgruppen!

Eine Schritt-für-Schritt-Anleitung mit 400 Bildern

Für Windows

Nummer der Schulungsunterlage: S0582

Autor: Peter Kynast

Impressum

Bibliografische Information der Deutschen Nationalbibliothek: Die Deutsche Nationalbibliothek verzeichnet diese Publikation in der Deutschen Nationalbibliografie; detaillierte bibliografische Daten sind im Internet über http://dnb.dnb.de abrufbar.

Wissenssprung
EDV-Schulungen und EDV-Schulungsunterlagen
Peter Kynast
Hochstraße 14
33615 Bielefeld

Telefon: +49 521 61846
Internet: www.wissenssprung.de
E-Mail: info@wissenssprung.de

Bildnachweis
stock.adobe.com - Bildnummer: 210648323 - Drobot Dean

102

ISBN: 979-8-37036902-5
Independently Published

1. Auflage, Juli 2024, © Peter Kynast

Vorwort

Liebe Leserin, lieber Leser,

herzlich willkommen zur PowerPoint 365 Einführung Teil 1!

Microsoft PowerPoint ist das weltweit führende Programm zum Erstellen von Präsentationen. Produkte, Dienstleistungen, Konzepte und Lehrinhalte sind nicht immer selbsterklärend. Menschen brauchen Bilder, um Informationen zu verstehen und speichern zu können. Viele Unternehmen, Redner und Lehrkräfte setzen PowerPoint daher bei Vorträgen, auf Messen und in Schulungen ein, um ihre Themen grafisch zu veranschaulichen und zu erklären.

Privatanwender benutzen PowerPoint meistens für andere Zwecke, z. B. das Vorführen von Fotos oder persönliche Interessen. Beliebt ist auch das Speichern einer Präsentation als Video. Diese Filme können anschließend an Freunde und Bekannte versendet werden. In PowerPoint arbeiten Sie sehr oft mit grafischen Elementen. Daher ist das Programm leichter zu erlernen als Word oder Excel und bereitet vielen Anwendern große Freude.

In diesem Buch erlernen Sie auf einfache Art die wichtigsten Grundlagen zu PowerPoint und erhalten nützliche Tipps und Tricks. Es basiert auf den Erfahrungen meiner 24-jährigen Berufstätigkeit als EDV-Dozent und EDV-Autor. In dieser Zeit habe ich dieses Buch weit über 1.000 Schulungsteilnehmerinnen und -teilnehmern persönlich ausgehändigt und sie bei der Arbeit mit diesem Buch begleitet. All diese Menschen haben PowerPoint damit <u>eigenständig</u> gelernt!

Sie können das auch! Damit Sie die Übungen in diesem Buch schnell umsetzen können, sind alle Vorgänge Schritt für Schritt beschrieben und mit vielen Bildern versehen. Das Buch ist <u>selbsterklärend</u> und die Sprache leicht verständlich – versprochen! Außerdem sind in den Anleitungen Wiederholungen eingebaut. Dadurch wird es Ihnen leichtfallen, sich das neue Wissen schnell einzuprägen. Auf diese Weise werden Sie viele Erfolgserlebnisse haben und einen großen Wissenssprung machen.

Jetzt wünsche ich Ihnen viel Spaß und Erfolg mit PowerPoint 365!

Herzliche Grüße

P. Kynast

Peter Kynast

Inhaltsverzeichnis

Abschnitt 1

Anleitungen

Inhalte dieses Abschnittes:

- Hinweise zu diesem Buch
- Grundlagen zu PowerPoint
- Übungsdateien herunterladen
- Aufbau des Programmfensters
- Folien einfügen und mit Inhalten füllen
- Präsentationen vorführen, steuern und speichern
- Animationen für Texte und grafische Elemente
- Diagramme und Organigramme einfügen
- Fotoalben und Videos erstellen
- Zeichnungen anfertigen und beschriften
- Kontinuierlich ablaufende Präsentationen erstellen

1   Hinweise

Bitte lesen Sie die folgenden Hinweise zu diesem Buch aufmerksam durch.

1.1   Voraussetzungen

Für das Arbeiten mit diesem Buch werden keine Erfahrungen in PowerPoint vorausgesetzt, sehr wohl aber Grundkenntnisse in Microsoft Windows. Ihr Computer sollte mit Microsoft Windows 10 oder 11 und Microsoft PowerPoint 365 ausgestattet sein.

1.2   Zielgruppe

Bei dieser Schulungsunterlage handelt es sich um eine Anleitung zum Selbstlernen und für Power-Point-Schulungen. Sie richtet sich an Personen, die PowerPoint von Grund auf lernen möchten und einen einfachen und sicheren Einstieg suchen.

1.3   Inhalte

- Grundlagen zu Microsoft PowerPoint
- Aufbau des Programmfensters
- Einfügen von Folien, Texten, Bildern, Zeichnungen, Diagrammen und Organigrammen
- Animieren von Texten und grafischen Elementen
- Präsentationen vorführen, steuern und speichern

- Erstellen von Fotoalben und Videos
- Kontinuierlich ablaufende Präsentationen erstellen
- wichtige Arbeitstechniken
- Tasten und Tastenkombinationen
- Grundregeln für das Erstellen von Präsentationen
- Erklärung von Begriffen

1.4   Gliederung

Dieses Buch besteht aus 2 Abschnitten und 10 Kapiteln. Der erste Abschnitt enthält 3 Schritt-für-Schritt Anleitungen in denen Sie Präsentationen zum Thema Internet, Urlaubsfotos und einen Produktionsablauf erstellen. Jeder Mausklick ist dabei genau beschrieben und fast immer bebildert. Abschnitt 2 geht tiefer auf Grundlagen ein und liefert Ihnen weitere Erklärungen.

1.5   Wiederholungen

Neue Themen werden in dieser Unterlage mehrmals genau beschrieben und anschaulich bebildert. Nach einigen Wiederholungen wird der Ablauf als bekannt vorausgesetzt und daher nur noch verkürzt wiedergegeben. Bilder werden verkleinert oder ganz weggelassen.

1.6   Hervorhebungen

Betonte Begriffe werden <u>unterstrichen</u> oder in ***Fettdruck und kursiv*** dargestellt. Bemerkungen zu einzelnen Arbeitsschritten werden mit einem der folgenden Begriffe eingeleitet:

Achtung: weist auf ein mögliches Problem hin.
Beispiel: beschreibt ein Beispiel.
Ergebnis: erklärt die Veränderung, die durch den aktuellen Arbeitsschritt eintritt.
Hinweis: liefert weitere Erklärungen und Informationen.
Oder: zeigt einen anderen, gleichwertigen Weg auf.
Weiterlesen: verweist auf ein Kapitel mit weiterführenden Erklärungen.

2   Anleitung: Übungsdateien herunterladen

Für die folgenden Anleitungen benötigen Sie die dazugehörigen Übungsdateien. Sie können sie von der Wissenssprung-Homepage herunterladen. Diese Anleitung beschreibt diesen Vorgang.

2.1   Anleitung

2.1.1   Browser öffnen

1. Öffnen Sie den Browser Ihrer Wahl, z. B. *Edge, Chrome* oder *Firefox*.

Hinweis: In dieser Anleitung wird der Browser Edge verwendet, weil Edge bereits auf Ihrem Computer mit Windows installiert ist. Dieser Vorgang kann aber auch mit jedem anderen Browser durchgeführt werden.

2.1.2   Wissenssprung-Homepage aufrufen

2. Geben Sie in der Adressleiste die Adresse *www.wissenssprung.de* ein.

3. Drücken Sie die Taste *Enter* ⏎ , um die Homepage aufzurufen.

2.1.3   Übungsdatei herunterladen

4. Klicken Sie auf die Schaltfläche *Übungsdateien*, um die Seite mit den Übungsdateien zu öffnen.

5. Geben Sie die Nummer dieser Schulungsunterlage **S0582** in das Suchfeld ein. Nach dem **S** steht eine Null. Es handelt sich <u>nicht</u> um den Buchstaben **O**.

6. Klicken Sie auf die Schaltfläche **Zur Unterlage**, um die Übungsdateien des Buches anzuzeigen.
7. Scrollen Sie etwas nach unten, bis Sie den Link **Alle Übungsdateien als ZIP-Datei herunterladen** sehen. Klicken Sie auf diesen Link, um die Datei herunterzuladen.

Ergebnis: Die Datei wird heruntergeladen und im Ordner **Downloads** abgelegt.
Achtung: Falls Sie den Browser **Firefox** benutzen, erscheint <u>eventuell</u> ein Fenster mit der Frage, ob Sie die Datei direkt öffnen oder zuerst speichern möchten. Wählen Sie hier die Option **Datei speichern**. Andernfalls kann es später Probleme geben, die Datei wiederzufinden.

8. Klicken Sie auf die Schaltfläche **Schließen** × , um den Browser zu schließen.
9. Klicken Sie auf das gelbe Ordnersymbol in der Taskleiste, um den **Explorer** zu öffnen.

Oder: Drücken Sie die Tastenkombination **Windows** ⊞ + E , um den Explorer zu öffnen.
Hinweis: Mit dem Explorer haben Sie Zugriff auf die Dateien und Ordner auf Ihrem Computer. Daher ist der Explorer das wichtigste Programm für die tägliche Arbeit.

10. Klicken Sie auf den Ordner **Downloads**, um ihn zu öffnen.

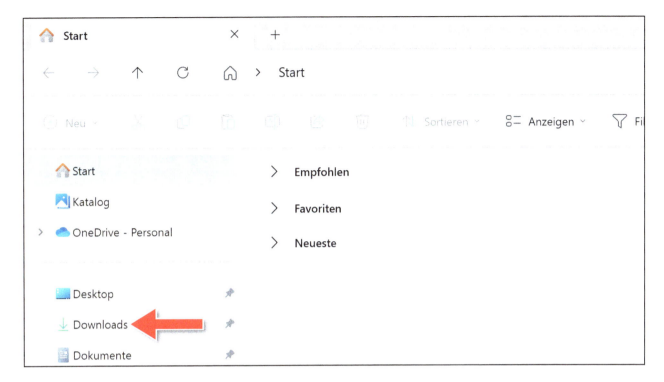

2.1.4   Entzippen

Die Übungsdateien sind in einer sogenannten ZIP-Datei zusammengefasst. Dieses Zusammenfassen wird auch Zippen oder Packen genannt. Um mit den Übungsdateien zu arbeiten, sollten Sie die ZIP-Datei vorher entzippen. Das Entzippen wird auch Entpacken oder Extrahieren genannt.

11. Betrachten Sie die heruntergeladene ZIP-Datei.

Hinweis: ZIP-Dateien werden als Ordnersymbol mit einem Reißverschluss dargestellt. In der Spalte **Typ** können Sie den Dateityp **ZIP** ablesen.

12. Klicken Sie mit der <u>rechten</u> Maustaste auf die ZIP-Datei, um das Kontextmenü zu öffnen.

Hinweis: Das Kontextmenü zeigt Ihnen mögliche Vorgänge zu dieser Datei an.

13. Klicken Sie im Kontextmenü auf **Alle extrahieren**, um das Extrahieren (Entzippen) zu starten.

Ergebnis: Das Dialogfenster **ZIP-komprimierte Ordner extrahieren** wird geöffnet.

14. Klicken Sie auf das Kontrollkästchen **Dateien nach der Extrahierung anzeigen**, um diese Option auszuschalten.

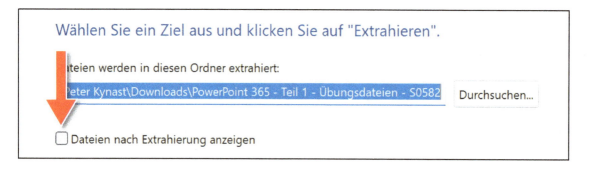

Hinweis: Durch das Extrahieren entsteht ein weiterer Ordner. Er enthält die extrahierten Übungsdateien. Wenn dieser Haken beim Extrahieren gesetzt ist, wird dieser Ordner automatisch geöffnet.

15. Klicken Sie auf die Schaltfläche **Extrahieren**, um das Extrahieren zu starten.

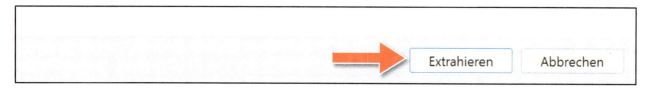

Ergebnis: Die ZIP-Datei wird extrahiert (entzippt). Das Dialogfenster **ZIP-komprimierte Ordner extrahieren** wird anschließend automatisch geschlossen.

16. Betrachten Sie das Ergebnis. Eventuell müssen Sie mit der Maus scrollen (Drehen des Mausrades), um den extrahierten Übungsordner zu sehen.

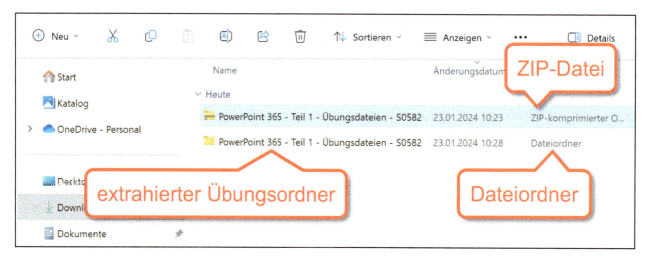

2.1.5   ZIP-Datei löschen

Die ZIP-Datei und der Ordner unterscheiden sich nur geringfügig. Es ist daher sinnvoll die ZIP-Datei zu löschen. Auf diese Weise vermeiden Sie Verwechselungen beim Durcharbeiten der Übungen. Bei Bedarf können Sie die ZIP-Datei jederzeit wieder von der Homepage herunterladen.

17. Klicken Sie mit der <u>rechten</u> Maustaste auf die ZIP-Datei.

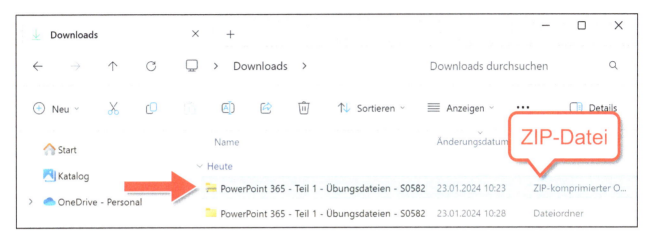

18. Klicken Sie auf *Löschen*, um die ZIP-Datei zu löschen.

   Achtung: Wenn Sie mit Windows 10 arbeiten, wird der Befehl *Löschen* <u>nicht</u> als Papierkorbsymbol, sondern als Wort in der Liste angezeigt.

19. Schließen Sie den *Explorer* und fahren Sie mit der Schulungsunterlage fort.

Brauchen Sie Hilfe?

Haben Sie Fragen zu diesem Buch oder zu PowerPoint? Schreiben Sie uns eine E-Mail oder rufen Sie uns an, wir helfen Ihnen gerne persönlich weiter! Schauen Sie bitte auch auf unsere Homepage im Internet. Dort haben wir einige Hilfethemen für Sie vorbereitet.

E-Mail: info@wissenssprung.de

Telefon: +49 521 61846

Internet: www.wissenssprung.de → Hilfe

---

3   Erklärung: Grundlagen

PowerPoint ist ein Programm zum Erstellen von Präsentationen. Es stammt von der Firma Microsoft. Von allen Präsentationsprogrammen wird PowerPoint weltweit am häufigsten eingesetzt. Typische Aufgaben sind: das Unterstützen von Reden und Vorträgen sowie das Präsentieren von Konzepten, Ideen, Produkten, Fotos oder Daten.

Das Ziel einer Präsentation ist es, Informationen gut zu veranschaulichen. Sie sollen leicht verständlich und einfach zu merken sein. Entscheidend dabei ist eine gute Visualisierung und die Reduzierung der Inhalte auf das Wesentliche. Das bedeutet, Texte sollten sehr kurz sein und durch aussagekräftige Fotos und grafische Darstellungen verstärkt werden.

3.1   Das Programmfenster von PowerPoint

Das Menüband enthält die Befehle zur Gestaltung Ihrer Präsentation. Es ist in verschiedene thematische Register unterteilt. Das Register **Start** ist zu Anfang immer aktiviert. Es enthält die am häufigsten eingesetzten Befehle.

Eine PowerPoint-Präsentation besteht aus einer oder mehreren **Folien**. Eine Folie entspricht dem Inhalt eines Bildschirmes in der späteren Präsentation. Auf den Folien befinden sich Platzhalter für die Inhalte, z. B. Texte, Fotos oder Grafiken.

Auf der linken Seite des Programms befindet sich die **Folienübersicht**. Sie enthält Miniaturen aller Folien Ihrer aktuellen Präsentation. Ganz unten im Fenster zeigt Ihnen die Statusleiste Informationen zur aktuellen Präsentation an. Hierzu gehören z. B. die Nummer der Folie, die aktive Ansicht und die Zoomeinstellungen.

Der Bereich **Designer** wird beim Erstellen einer neuen Präsentation auf der rechten Seite eingeblendet. Der Designer weist Ihrer Präsentation per Klick eine vollständig neue Gestaltung zu (Farben, Hintergründe, Schriften und sogar Animationen).

4   Anleitung: Internet

Mit dieser Anleitung erstellen Sie eine Präsentation zum Thema Internet. Sie besteht aus sieben Folien. Eine Abbildung der fertigen Präsentation sehen Sie auf der rechten Seite.

4.1   Inhalte

- Texte in Platzhaltern eingeben
- Folien einfügen
- Normal- und Präsentationsansicht
- Präsentationen abspielen und steuern
- Bilder, Diagramme und SmartArts einfügen
- Animationen für Texte und SmartArts einstellen
- Designs auswählen und farblich anpassen
- WordArt-Elemente einfügen und animieren

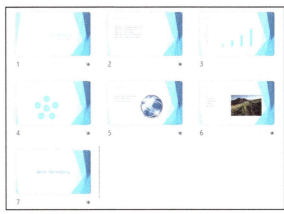

Ergebnis: Das Internet

4.2   Anleitung

Folgen Sie den Anweisungen dieser Anleitung. Alle Vorgänge werden Schritt für Schritt erklärt.

4.2.1   Programmstart

Microsoft PowerPoint kann auf verschiedenen Wegen gestartet werden. Der nachfolgende Standardweg kann auf jedem Computer mit Windows und PowerPoint 365 durchgeführt werden.

1. Klicken Sie auf die Schaltfläche **Start** 🪟 , um das Startmenü zu öffnen.

2. Klicken Sie auf die Schaltfläche **PowerPoint**, um das Programm zu öffnen.

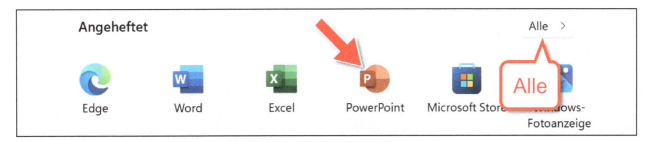

Ergebnis: Nach dem Öffnen von PowerPoint ist die Startseite von PowerPoint zu sehen.
Achtung: Wenn das Symbol von PowerPoint bei Ihnen nicht auf der ersten Seite des Startmenüs zu sehen ist, klicken Sie auf die Schaltfläche **Alle**. Dadurch wird die Liste aller Programme eingeblendet. Drehen Sie das Mausrad nach hinten, um in dieser Liste die Programme zu sehen, die mit **P** beginnen. Klicken Sie anschließend auf PowerPoint, um PowerPoint zu starten. Wenn Sie mit Windows 10 arbeiten, erscheint die Gesamtliste der Programme sofort. Scrollen Sie nach unten bis zum Buchstaben P und klicken Sie auf das Programm PowerPoint.

Hinweis: Das Drehen des Mausrades wird auch **Scrollen** genannt. Durch das Scrollen werden Seiten und Listen hoch- und runtergeschoben.

3. Klicken Sie im Startbildschirm von PowerPoint auf die Schaltfläche **Leere Präsentation**, um eine neue Präsentation zu erzeugen.

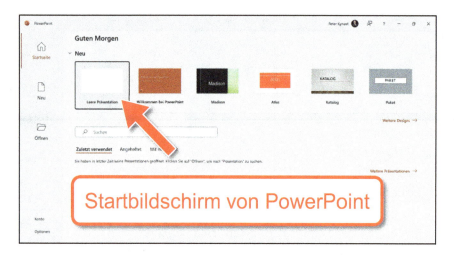

Achtung: Computer sind sehr unterschiedlich eingestellt. Wenn bei Ihnen der Startbildschirm nicht angezeigt wird, überspringen Sie diesen Arbeitsschritt.

Hinweis: Microsoft Office ist ein Programmpaket. Es enthält Programme, die häufig im Büroalltag genutzt werden (engl.: office = Büro). Es gibt verschiedene Versionen von Microsoft Office. PowerPoint ist aber immer ein Bestandteil davon.

4.2.2   Folie 1: Titel und Untertitel der Präsentation

Bei einer Bildschirmpräsentation spricht man von Folien anstatt von Seiten. Eine Folie entspricht dem Inhalt eines Bildschirmes in der späteren Präsentation. Der Begriff Folie geht zurück auf den Overheadprojektor. Ein Overheadprojektor ist ein Präsentationsgerät. Es wurde früher eingesetzt, um beschriftete Klarsichtfolien auf eine Leinwand zu projizieren.

4. Klicken Sie auf die Schaltfläche **Schließen** ☒ im Bereich **Designer** <u>oder</u> auf die Schaltfläche **Designer** im Menüband, um diesen Bereich zu schließen.

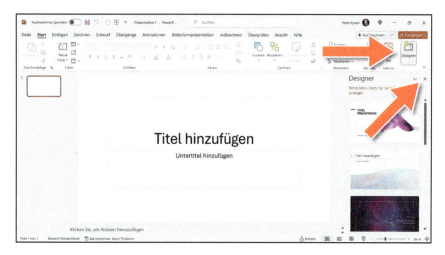

Hinweis: Mit dem **Designer** können Sie Ihrer Präsentation schnell ein neues Design zuweisen (Hintergrundbilder, Farben, Schriften usw.). Da es an dieser Stelle zuerst um die Vermittlung der Grundtechniken geht, wird der Bereich mit den Designvorschlägen hier geschlossen.

5. Klicken Sie auf den Platzhalter für den Titel, um den Cursor dort zu platzieren.

Ergebnis: Der Text *Titel hinzufügen* verschwindet. Der Cursor wird in die Mitte des Platzhalters gesetzt.
Hinweis: Auf der ersten Folie wird häufig der Titel und der Untertitel einer Präsentation eingegeben. Diese Folie wird daher auch als *Titelfolie* bezeichnet.

6. Geben Sie *Das Internet* als Titel für die Präsentation ein.

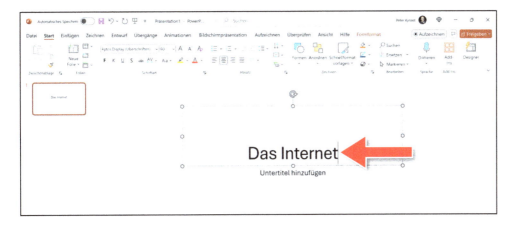

7. Klicken Sie auf den Platzhalter für den Untertitel, um den Cursor dort zu platzieren.

Ergebnis: Der Text *Untertitel hinzufügen* verschwindet. Der Cursor erscheint in der Mitte des Platzhalters.

8. Geben Sie als Untertitel **Das weltweite Datennetz** ein.

4.2.3   Folie 2: Auflistungen erzeugen

Die zweite Folie soll eine Auflistung enthalten und kurz die Geschichte des Internets wiedergeben.

9. Klicken Sie auf das Symbol der Schaltfläche **Neue Folie**, um eine weitere Folie einzufügen.

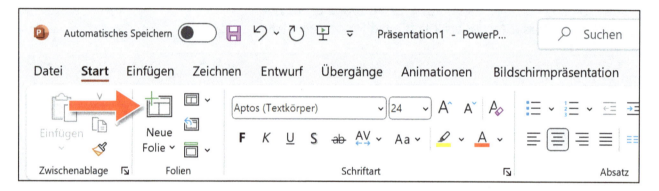

Achtung: Die Schaltfläche **Neue Folie** besteht aus zwei Teilen. Der obere Teil der Schaltfläche ist das Symbol einer Folie. Der untere Teil ist mit den Worten **Neue Folie** beschriftet. Durch einen Klick auf das Symbol der Schaltfläche wird sofort eine neue Folie eingefügt. Durch Anklicken des unteren Teils würden Sie das Listenfeld dieser Schaltfläche öffnen.

10. Betrachten Sie das Ergebnis.

Ergebnis: Eine neue Folie wird eingefügt. Sie wird zweimal angezeigt. In der Folienübersicht auf der linken Seite erscheint sie als Miniatur. In der großen Darstellung rechts kann sie bearbeitet werden. Auch die zweite Folie enthält zwei Platzhalter. Da es sich bei der zweiten Folie aber nicht um eine Titelfolie handelt, sind die Platzhalter anders angeordnet.

4.2.4 Eingabe des Titels

11. Klicken Sie auf der zweiten Folie auf den Titelplatzhalter, um den Cursor dort zu platzieren.

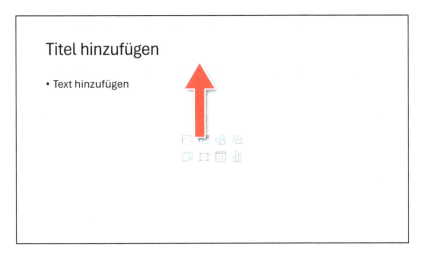

12. Geben Sie als Titel das Wort *Geschichte* ein.

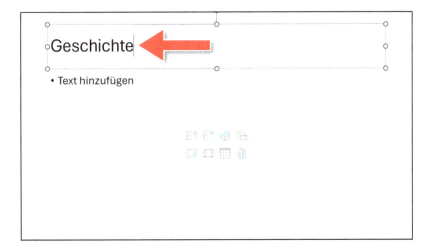

13. Klicken Sie auf den Platzhalter für den Hauptinhalt, um den Cursor dort zu platzieren.

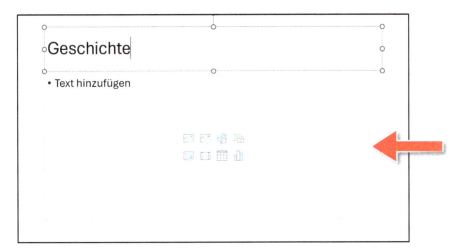

14. Betrachten Sie das Ergebnis.

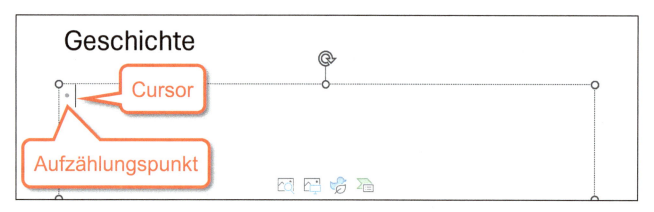

Ergebnis: Der Cursor wird in den Platzhalter gesetzt. Ein Aufzählungspunkt wird erzeugt.

15. Geben Sie folgende Texte ein. Schließen Sie jede Zeile mit der Taste **Enter** ⏎ ab.

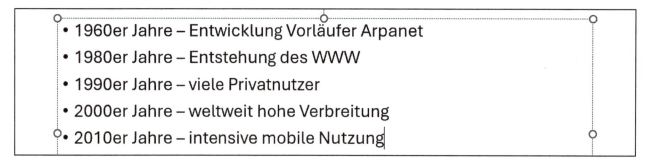

Ergebnis: Durch die Taste Enter entsteht jeweils ein neuer Aufzählungspunkt. Bei der Eingabe werden die kurzen Bindestriche (-) automatisch durch die längeren Geviertstriche (–) ersetzt. Voraussetzung dafür ist, dass vor und nach jedem Strich ein Leerzeichen eingefügt wird.

Hinweis: Bringen Sie in einer Präsentation alle Aussagen kurz und prägnant auf den Punkt. Dies ist die wichtigste Regel beim Erstellen einer guten Präsentation! Ziehen Sie daher Aufzählungen ganzen Sätzen vor.

4.2.5   Starten der Präsentation

Bislang haben Sie ausschließlich in der **Normalansicht** gearbeitet. Sie dient zum Erstellen der Präsentation. Beim Vorführen der Präsentation sollen die Symbolleisten und Werkzeuge natürlich nicht sichtbar sein. Sie würden vom Inhalt der Präsentation ablenken. Daher werden diese Elemente beim Präsentieren ausgeblendet.

16. Klicken Sie auf das Register **Bildschirmpräsentation**, um es zu öffnen.

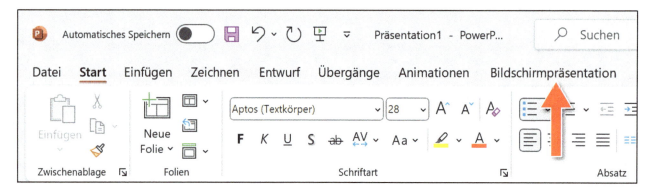

17. Klicken Sie auf das Schaltfläche **Von Beginn an**, um die Präsentation zu starten.

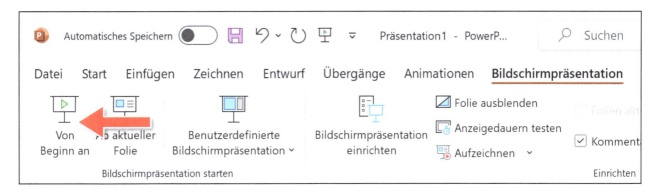

Ergebnis: Die Präsentation wird von Beginn an (mit der ersten Folie) gestartet.

Oder: Drücken Sie die Taste F5, um die Präsentation zu starten.

18. Betrachten Sie das Ergebnis.

Ergebnis: Die Präsentation wird in der **Präsentationsansicht** angezeigt. Die Symbolleisten, Schaltflächen und Werkzeuge werden ausgeblendet. Die erste Folie wird angezeigt.

19. Klicken Sie auf eine beliebige Stelle mitten auf der Folie, um die nächste Folie aufzurufen.

20. Betrachten Sie das Ergebnis.

    Ergebnis: Die zweite Folie wird aufgerufen.

21. Klicken Sie erneut auf eine beliebige Stelle auf der Folie, um die nächste Folie aufzurufen.

22. Betrachten Sie wieder das Ergebnis.

    Ergebnis: Am Ende der Präsentation wird eine schwarze Folie angezeigt. Am oberen Bildschirmrand wird der Hinweis ***Ende der Bildschirmpräsentation. Zum Beenden klicken.*** angezeigt.

23. Klicken Sie auf eine beliebige Stelle auf der schwarzen Folie, um wieder zur Normalansicht zurückzukehren.

24. Betrachten Sie das Ergebnis.

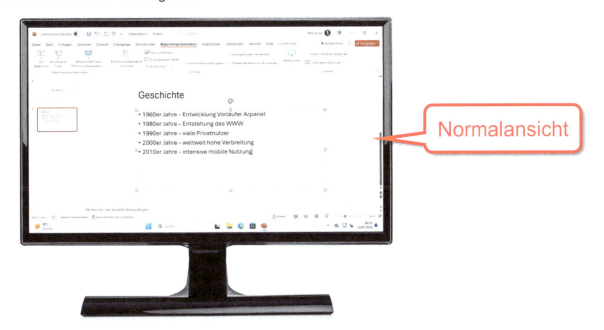

Ergebnis: Die Normalansicht mit Menüband und den Werkzeugen wird wieder angezeigt.

4.2.6   Animationen einfügen

Der Untertitel der Titelfolie soll mit einer Animation versehen werden. Animationen spielen in einer Präsentation eine wichtige Rolle. Sie geben Ihnen die Möglichkeit, die Inhalte nacheinander anzeigen zu lassen. Dadurch helfen Sie dem Betrachter, sich auf das zu konzentrieren, was in diesem Augenblick gerade wichtig ist. Beachten Sie bei geschäftlichen Präsentationen, keine Animationen mit verspielten Effekten zu verwenden. Es gilt der Grundsatz: Weniger ist mehr! Manche Effekte können den Betrachter irritieren und werden als unangebracht empfunden. Die Präsentation würde ihren eigentlichen Zweck verfehlen.

25. Klicken Sie in der *Folienübersicht* auf die erste Folie, um diese Folie wieder aufzurufen.

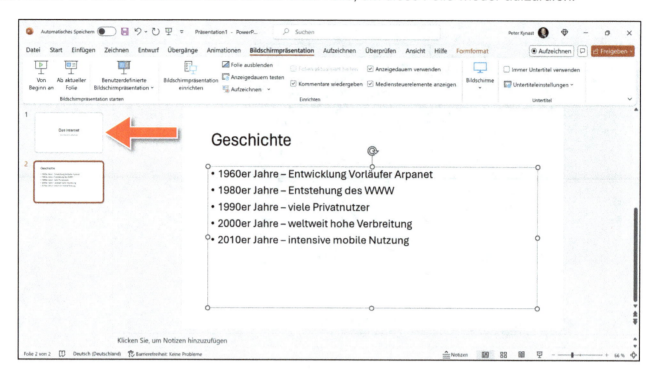

26. Klicken Sie auf den Untertitel *Das weltweite Datennetz*, um den Platzhalter zu aktivieren.

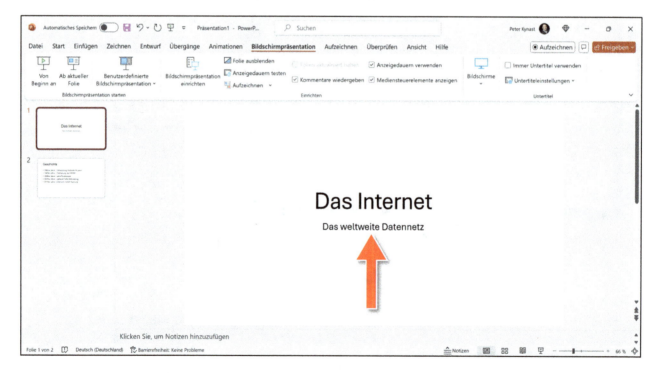

Achtung: Der Platzhalter ist deutlich größer als der Text. Aber um den Platzhalter zu markieren, müssen Sie <u>direkt</u> auf den Text klicken.

Abweichungen

Arbeiten Sie diese Schulungsunterlage mindestens einmal durch, ohne von den Anweisungen abzuweichen. Nehmen Sie eigene Veränderungen erst beim zweiten Mal vor.

---

27. Betrachten Sie das Ergebnis.

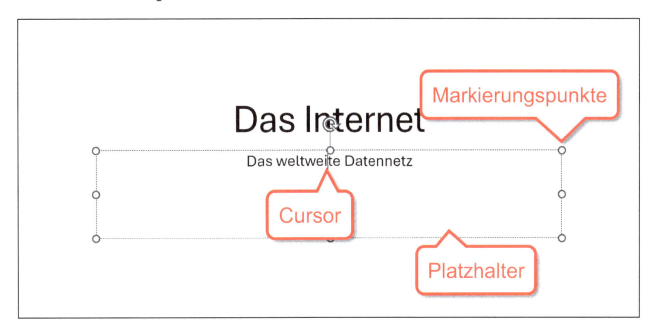

Ergebnis: Der Platzhalter wird sichtbar. Er wird durch einen gestrichelten Rahmen mit Markierungspunkten dargestellt. Der Cursor blinkt innerhalb des Platzhalters.

28. Klicken Sie auf das Register *Animationen*, um dieses Register zu aktivieren.

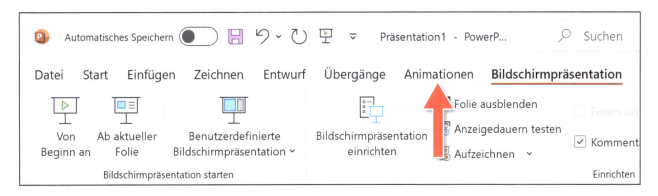

29. Klicken Sie auf die Animation *Hineinschweben*, um dem Untertitel diesen Effekt zuzuweisen.

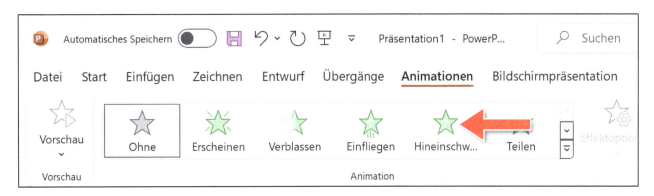

Hinweis: Der Name dieser Animation ist abgeschnitten. Wenn Sie die Maus einen Augenblick über der Schaltfläche ruhen lassen, wird der vollständige Name in einem sogenannten *Tooltip* angezeigt (engl.: tool = Werkzeug, tip = Hinweis).

30. Betrachten Sie das Ergebnis.

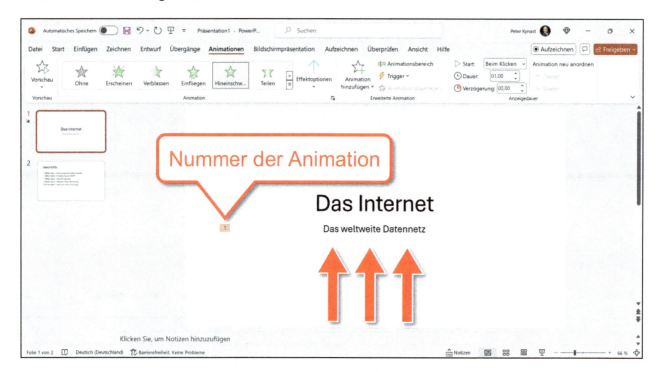

Ergebnis: Die Animation wird abgespielt. Der Text wird von unten aufsteigend eingeblendet. Neben dem Platzhalter wird ein kleines Feld mit der Zahl *1* angezeigt. Es handelt sich dabei um die Nummer der Animation.

Hinweis: Animationseffekte sind immer mit einer Nummer versehen. Die Nummer erscheint links oben neben dem animierten Element. Diese Nummern sind aber nur sichtbar, wenn das Register *Animationen* aktiviert ist. Sobald Sie ein anderes Register aufrufen, werden diese Nummern nicht mehr angezeigt.

31. Klicken Sie auf die Schaltfläche *Vorschau*, um den Effekt erneut abzuspielen.

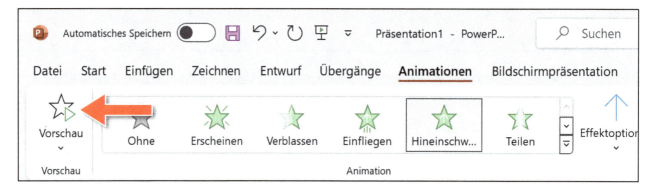

Hinweis: Mit der Schaltfläche *Vorschau* können Sie die Animationen einer Folie jederzeit erneut abspielen und betrachten.

4.2.7   Animation für die Aufzählung

Auch die Aufzählung auf der zweiten Folie soll mit einer Animation versehen werden.

32. Klicken Sie in der **Folienübersicht** auf die zweite Folie, um diese Folie aufzurufen.

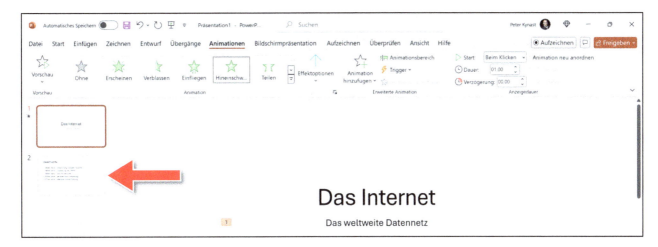

33. Klicken Sie auf der zweiten Folie an beliebiger Stelle auf die Aufzählung, um den Cursor in die Aufzählung zu setzen.

Ergebnis: Die Aufzählung ist markiert. Sie erkennen die Markierung an dem gestrichelten Rahmen des Platzhalters. Der Cursor befindet sich innerhalb des Platzhalters.

34. Klicken Sie auf die Schaltfläche **Hineinschweben**, um der Aufzählung diesen Effekt zuzuweisen.

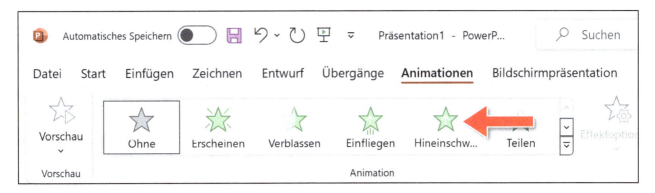

Ergebnis: Die Animation wird abgespielt. Die einzelnen Punkte der Aufzählung werden nacheinander von unten aufsteigend eingeblendet.

35. Betrachten Sie die Aufzählung.

Ergebnis: Nach dem Abspielen der Animationen werden die Nummern der Effekte angezeigt.
Hinweis: Die fortlaufende Nummerierung weist darauf hin, dass die Effekte <u>nacheinander</u> abgespielt werden. Für jeden dieser Listenpunkte müssen Sie in der späteren Präsentation jeweils einmal klicken.

4.2.8   Starten der Präsentation

36. Klicken Sie auf das Register **Bildschirmpräsentation**, um es zu öffnen.

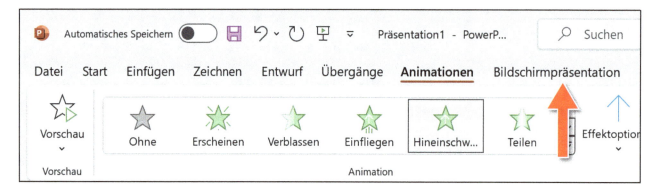

37. Klicken Sie auf die Schaltfläche **Von Beginn**, um die Präsentation zu starten.

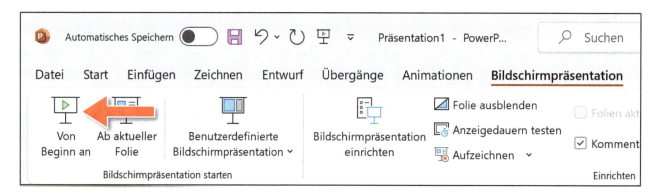

Ergebnis: Die Präsentation wird in der Präsentationsansicht dargestellt. Alle Symbolleisten, Schaltflächen und Werkzeuge werden ausgeblendet. Die erste Folie wird angezeigt und nimmt den ganzen Bildschirm ein.
Oder: Drücken Sie die Taste $\boxed{F5}$, um die Präsentation zu starten.

38. Betrachten Sie die erste Folie.

Ergebnis: Der Titel wird angezeigt. Da Sie dem Untertitel eine Animation zugewiesen haben, ist er noch nicht sichtbar.

39. Klicken Sie mittig auf die Folie, um den Untertitel aufzurufen. Betrachten Sie das Ergebnis.

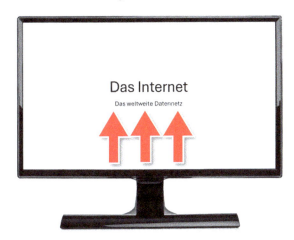

Ergebnis: Der Untertitel erscheint von unten aufsteigend.

40. Klicken Sie wieder in die Mitte der Folie, um die zweite Folie aufzurufen. Betrachten Sie das Ergebnis.

Ergebnis: Der Titel der zweiten Folie wird angezeigt. Da Sie der Aufzählung eine Animation zugewiesen haben, ist sie noch nicht sichtbar.

41. Klicken Sie erneut an beliebiger Stelle auf die Folie, um den ersten Aufzählungspunkt aufzurufen.
42. Betrachten Sie das Ergebnis.

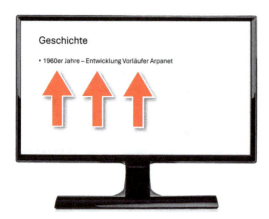

Ergebnis: Der erste Aufzählungspunkt wird von unten aufsteigend eingeblendet.
Hinweis: Aufzählungspunkte nacheinander einzublenden ist sinnvoll, damit die Konzentration des Zuschauers immer nur auf einer Information ruht. Diese Art der Präsentation ist besonders bei Vorträgen wichtig. Wenn Sie alle Informationen auf einmal zeigen, würden die Zuschauer vielleicht anfangen den ganzen Text zu lesen und Ihnen nicht mehr aufmerksam zuhören.
43. Klicken Sie erneut auf die Folie, um den nächsten Aufzählungspunkt aufzurufen.

44. Klicken Sie so oft auf die Folie, bis alle Aufzählungspunkte sichtbar sind.
45. Klicken Sie erneut auf die Folie, um die schwarze Schlussfolie aufzurufen.
46. Klicken Sie auf die schwarze Schlussfolie, um wieder zur Normalansicht zurückzukehren.

4.2.9 Design zuweisen

47. Klicken Sie auf das Register *Entwurf*, um es zu aktivieren.

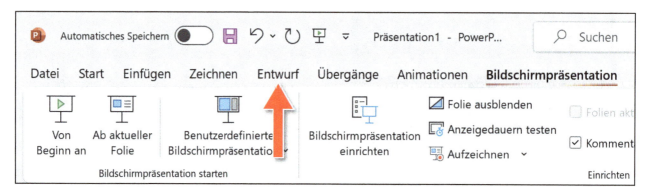

48. Klicken Sie auf das Design *Facette*, um der Präsentation dieses Design zuzuweisen.

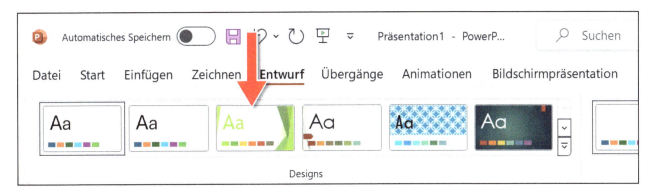

Hinweis: Sie können den Namen eines Designs ablesen, wenn Sie die Maus über der Schaltfläche einen Augenblick ruhen lassen.

49. Betrachten Sie das Ergebnis.

Ergebnis: Das Zuweisen eines Designs verändert das Aussehen der Folien an mehreren Stellen. Welche Änderungen vorgenommen werden, hängt vom jeweiligen Design ab. Es können z. B. grafische Elemente oder Hintergrundbilder auf den Folien eingefügt werden. Mit den meisten Designs stellen Sie automatisch auch neue Schriftarten und Farben ein. Die Positionen der Platzhalter können sich ebenfalls ändern. Die Titelfolie besitzt in den meisten Designs eine abweichende Gestaltung. Das bedeutet, die Platzhalter und grafischen Elemente sind anders angeordnet als auf den anderen Folien. Der Bereich *Designer* wird eingeblendet und zeigt weitere Vorschläge für die Gestaltung an.

Wiederholen Sie!

Wiederholungen sind beim Lernen entscheidend! Wir empfehlen Ihnen daher, diese Schulungsunterlage mindestens **zweimal** durchzuarbeiten, um das neue Wissen zu festigen.

---

50. Klicken Sie im Bereich **Designer** auf die Schaltfläche **Schließen** ☒ oder im Menüband auf die Schaltfläche **Designer**, um den Bereich auszublenden.

Hinweis: Der **Designer** wird in dieser Anleitung nicht verwendet.

4.2.10 Farben eines Designs ändern

51. Klicken Sie auf die blaue Variante des Designs, um diese Farben zuzuweisen.

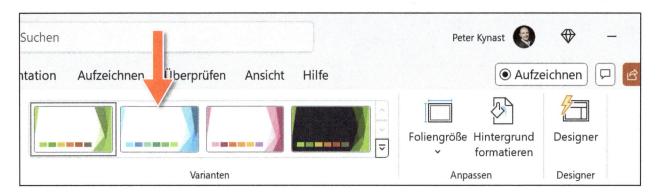

Hinweis: Eine Variante verändert die Farbeinstellungen für die Bestandteile eines Designs, z. B. Schriften, Hintergrund und grafische Elemente.
Achtung: Sollte sich der Bereich **Designer** wieder geöffnet haben, schließen Sie ihn wieder durch ein Klick auf die Schaltfläche **Schließen** ☒.

4.2.11 Folie 3: Diagramme einfügen

Auf der dritten Folie soll die Anzahl der weltweiten Internetnutzer seit 1995 dargestellt werden. Versuchen Sie in Präsentationen Zahlen immer mit einem Diagramm grafisch zu veranschaulichen. Dadurch sind sie für den Betrachter besser nachvollziehbar.

52. Klicken Sie im Menüband auf das Register **Start**.

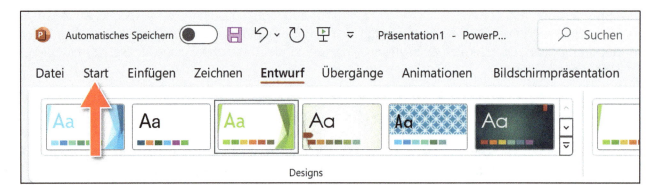

53. Klicken Sie auf den oberen Teil der Schaltfläche **Neue Folie**, um eine neue Folie einzufügen.

Hinweis: Neue Folien werden standardmäßig <u>nach</u> der gerade sichtbaren Folie eingefügt.

54. Klicken Sie auf den Platzhalter für den Titel, um den Cursor dort zu platzieren.

55. Geben Sie als Titel das Wort **Nutzer** ein.

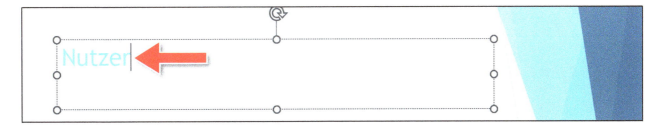

56. Klicken Sie im unteren Platzhalter auf das Symbol **Diagramm einfügen**.

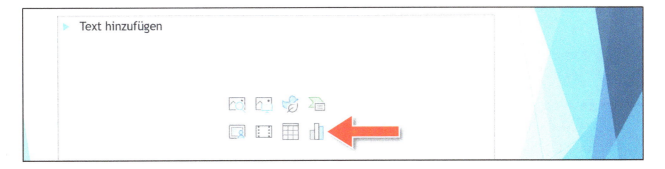

Ergebnis: Das Dialogfenster **Diagramm einfügen** wird eingeblendet.

57. Betrachten Sie das Dialogfenster *Diagramm einfügen*.

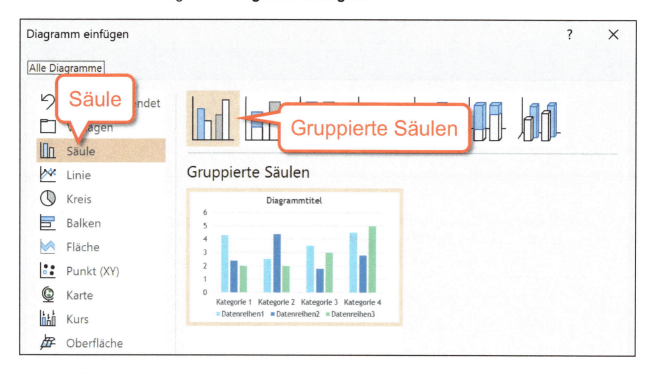

Hinweis: Die Kategorie *Säule* ist aktiviert. In dieser Kategorie ist der erste Diagrammtyp *Gruppierte Säulen* markiert.

58. Klicken Sie auf die Schaltfläche *OK*, um diesen Diagrammtyp einzufügen.
59. Betrachten Sie das Ergebnis.

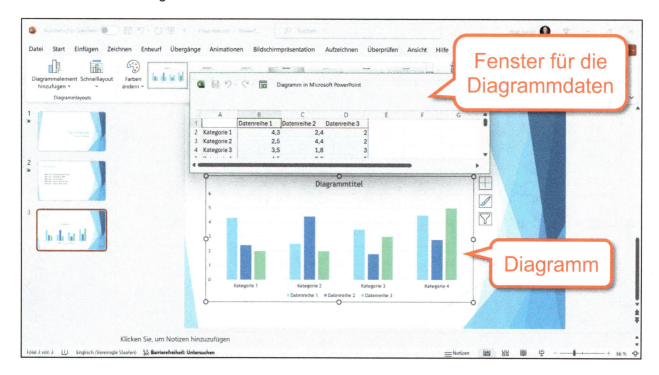

Ergebnis: Ein Diagramm mit Beispieldaten wird auf der Folie eingefügt. Zusätzlich wird ein Fenster für die Eingabe der Diagrammdaten eingeblendet.

4.2.12   Diagrammdaten eingeben

60. Zeigen Sie mit der Maus auf die untere rechte Ecke des Fensters für die Diagrammdaten.

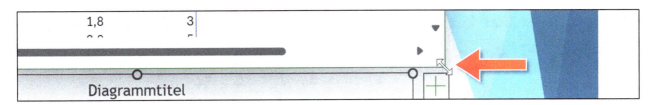

Ergebnis: Die Maus wird als diagonaler Doppelpfeil ⬉ angezeigt.

61. Ziehen Sie das Fenster bei gedrückter linker Maustaste etwas größer, um mehr Platz für die Daten-eingabe zu haben. Die Zeile 9 soll zu sehen sein.

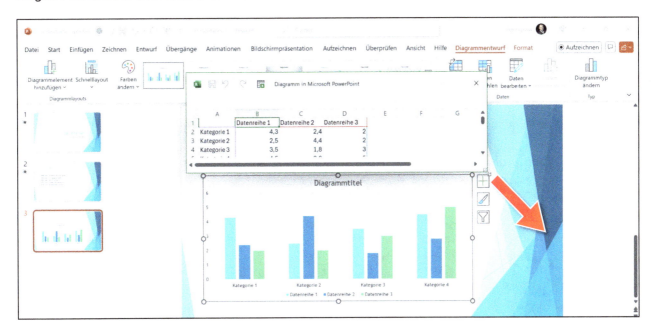

62. Klicken Sie im Fenster für die Diagrammdaten auf die Zelle A2, um sie zu markieren.

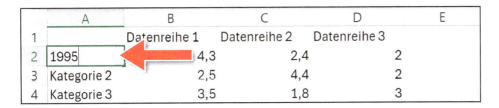

63. Geben Sie in der Zelle A2 die Jahreszahl *1995* ein. Beginnen Sie direkt mit der Eingabe.

	A	B	C	D	E
1		Datenreihe 1	Datenreihe 2	Datenreihe 3	
2	1995	4,3	2,4	2	
3	Kategorie 2	2,5	4,4	2	
4	Kategorie 3	3,5	1,8	3	

Hinweis: Durch diesen Vorgang überschreiben Sie den bisherigen Zellinhalt *Kategorie 1*. Es ist nicht nötig, den Inhalt vorher zu löschen.

64. Drücken Sie auf die Taste *Enter* ⏎ , um die Eingabe abzuschließen.

65. Betrachten Sie das Ergebnis. Der Zellzeiger wird auf die Zelle A3 gesetzt.

	A	B	C	D	E
1		Datenreihe 1	Datenreihe 2	Datenreihe 3	
2	1995	4,3	2,4	2	
3	Kategorie 2	?,5	4,4	2	
4	Kategorie 3	3,5	1,8	3	

66. Geben Sie die folgenden Jahreszahlen in die darunterliegenden Zellen ein.

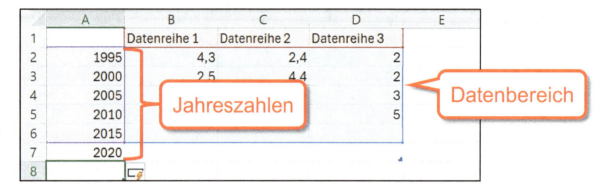

	A	B	C	D	E
1		Datenreihe 1	Datenreihe 2	Datenreihe 3	
2	1995	4,3	2,4	2	
3	2000	2,5	4,4	2	
4	2005			3	
5	2010			5	
6	2015				
7	2020				
8					

Jahreszahlen — **Datenbereich**

Ergebnis: Der farbige Bereich stellt den Datenbereich dar. Dieser Bereich wird aktuell im Diagramm angezeigt.

67. Geben Sie in Spalte B die Anzahl der Nutzer ein.

	A	B	C	D	E
1		Datenreihe 1	Datenreihe 2	Datenreihe 3	
2	1995	39	2,4	2	
3	2000	414	4,4	2	
4	2005	1029		3	
5	2010	2021		5	
6	2015	3005			
7	2020	4700			
8					

Nutzer

Hinweis: Der Einfachheit halber werden die Nutzerzahlen in Millionen eingegeben. 1995 gab es also ca. 39 Millionen Internetnutzer weltweit.

68. Setzen Sie die Maus rechts unten auf den Eckpunkt der Zelle D6.

	A	B	C	D	E
1		Datenreihe 1	Datenreihe 2	Datenreihe 3	
2	1995	39	2,4	2	
3	2000	414	4,4	2	
4	2005	1029	1,8	3	
5	2010	2021	2,8	5	
6	2015	3005			
7	2020	4700			
8					

Doppelpfeil

Ergebnis: Die Maus wird als diagonaler Doppelpfeil ↖ dargestellt.

69. Ziehen Sie die Maus bis zur Zelle B6, um den Datenbereich zu verkleinern.

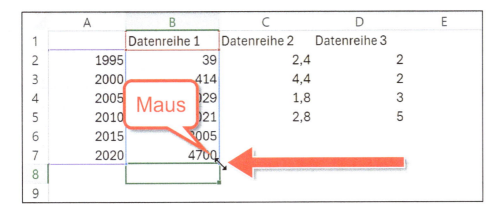

Hinweis: Ziehen bedeutet, die linke Maustaste gedrückt zu halten, und die Maus zu bewegen.

70. Betrachten Sie das Ergebnis.

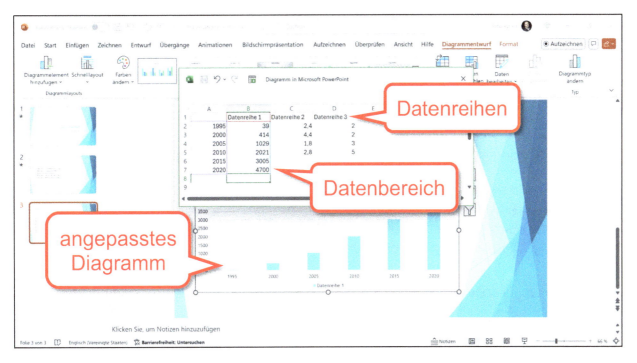

Ergebnis: Das Diagramm passt sich dem neuen Datenbereich an. Die zweite und dritte Datenreihe (Spalten C und D) werden nicht mehr im Diagramm angezeigt.

71. Klicken Sie im Fenster für die Diagrammdaten auf die Schaltfläche **Schließen** ☒, um das Fenster zu schließen.

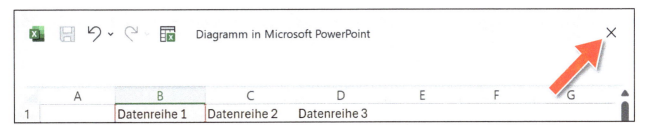

Hinweis: Wenn Sie die Diagrammdaten zu einem späteren Zeitpunkt ändern möchten, klicken Sie auf das Diagramm und danach im Register **Diagrammentwurf** auf **Daten bearbeiten**.

72. Betrachten Sie das Ergebnis.

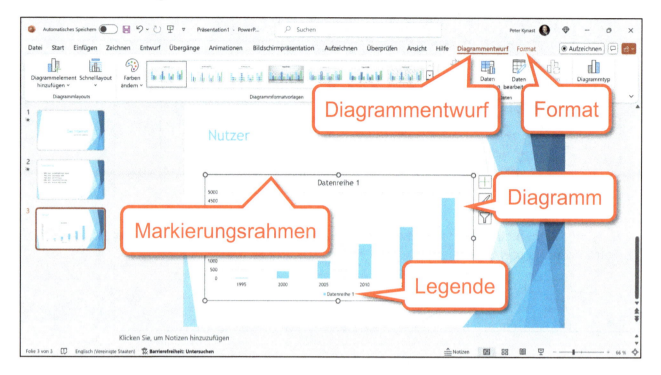

Ergebnis: Das Diagramm ist markiert. Sie erkennen die Markierung an dem Markierungsrahmen. Solange das Diagramm markiert ist, werden zusätzlich die beiden Register *Diagrammentwurf* und *Format* eingeblendet. Sie enthalten Werkzeuge zur Diagrammbearbeitung.

4.2.13 Legende ausblenden

Auf vielen Diagrammen befindet sich eine sogenannte Legende. Sie erklärt die in dem Diagramm verwendeten Farben oder Symbole. In dem aktuellen Diagramm wird lediglich die Anzahl der weltweiten Nutzer angezeigt. Die Legende ist daher nicht nötig und wird ausgeblendet.

73. Klicken Sie rechts oben am Diagramm auf die Schaltfläche *Diagrammelemente*.

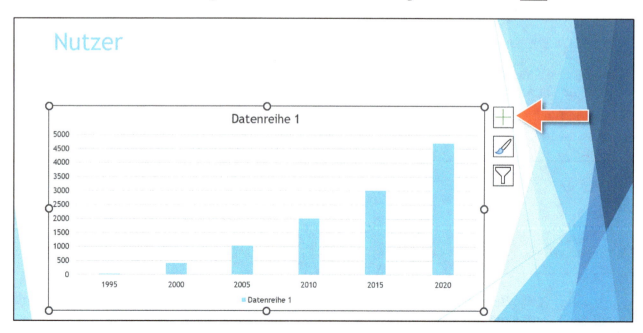

74. Entfernen Sie den Haken im Kontrollkästchen **Legende**, um die Legende auszublenden.

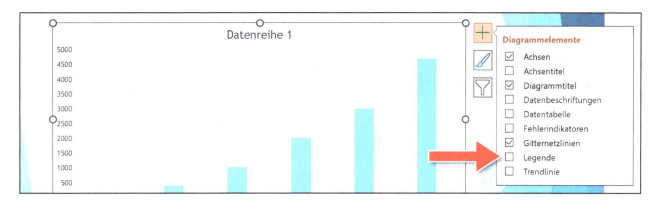

   Ergebnis: Durch den gewonnenen Platz wird das Diagramm automatisch vergrößert.

4.2.14   Diagrammtitel ausblenden

Auch der Titel des Diagramms **Datenreihe 1** soll ausgeblendet werden. Er enthält keine wichtige Information.

75. Entfernen Sie den Haken im Kontrollkästchen **Diagrammtitel**, um auch den Diagrammtitel auszublenden.

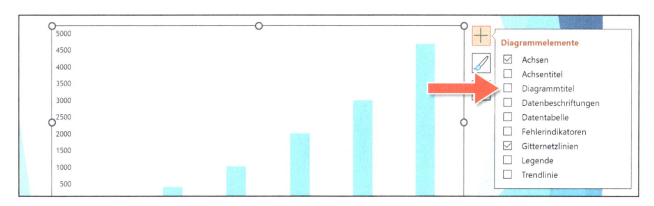

   Ergebnis: Durch den gewonnenen Platz wird das Diagramm automatisch vergrößert.

4.2.15   Achsenbeschriftungen

Die Achsen des Diagramms sollen beschriftet werden, um die Daten besser zu erklären.

76. Klicken Sie im Register **Diagrammentwurf** auf die Schaltfläche **Diagrammelement hinzufügen**, um das Listenfeld dieser Schaltfläche zu öffnen.

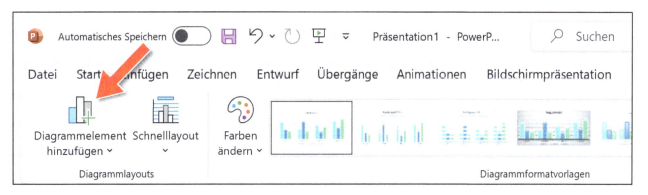

77. Klicken Sie auf den Listenpunkt **Achsentitel** und anschließend auf **Primär vertikal**, um einen Achsentitel für die senkrechte Achse (Y-Achse) hinzuzufügen.

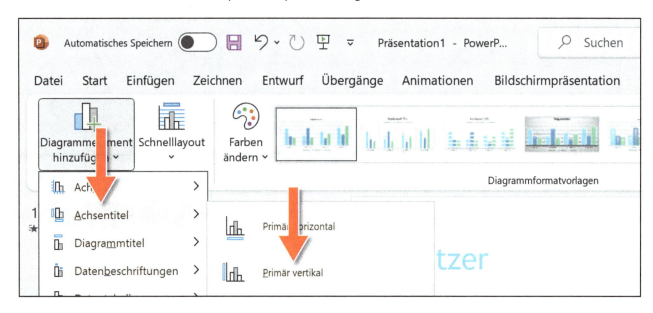

Ergebnis: Neben der vertikalen Achse wird das Wort **Achsentitel** angezeigt. Der Text wird von unten nach oben dargestellt. Der Achsentitel ist markiert.

78. Geben Sie als Beschriftung **In Millionen** ein. Drücken Sie danach <u>nicht</u> die Taste **Enter** ⮐.

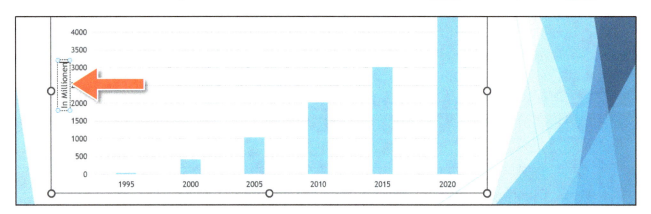

Hinweis: Beginnen Sie direkt mit der Eingabe. Das Wort **Achsentitel** muss vorher nicht gelöscht werden.

79. Klicken Sie erneut im Register **Diagrammentwurf** auf die Schaltfläche **Diagrammelement hinzufügen**, um das Listenfeld dieser Schaltfläche zu öffnen.

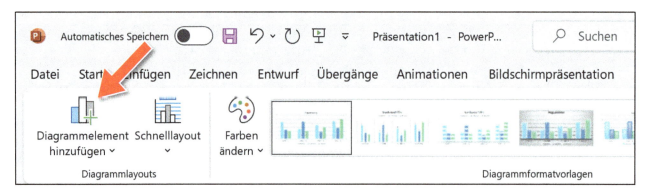

80. Klicken Sie auf den Listenpunkt **Achsentitel → Primär horizontal**, um einen Achsentitel für die waagerechte Achse (X-Achse) hinzuzufügen.

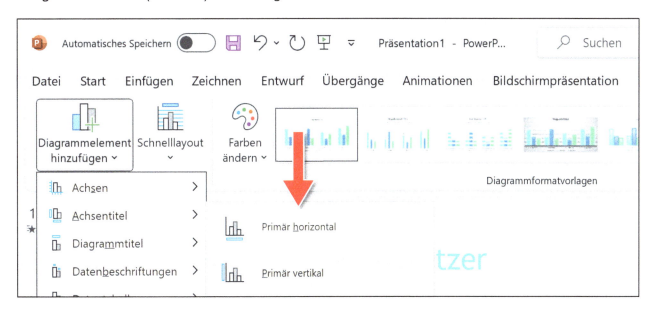

Ergebnis: Unter der horizontalen Achse wird das Wort **Achsentitel** angezeigt. Es ist markiert.

81. Geben Sie als Beschriftung das Wort **Jahre** ein. Beginnen Sie <u>direkt</u> mit der Eingabe. Drücken Sie danach nicht auf **Enter** ↵ .

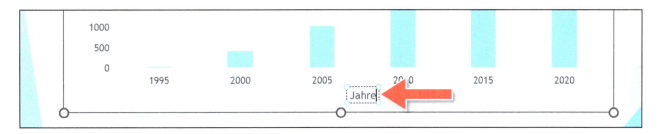

Hinweis: Vor der Eingabe des Achsentitels ist kein weiterer Arbeitsschritt nötig. Die horizontale (waagerechte) Achse wird auch X-Achse genannt.

4.2.16   Folie 4: SmartArt einfügen

PowerPoint bietet Ihnen viele Möglichkeiten, Inhalte anschaulich zu präsentieren. Hierzu zählen auch die sogenannten **SmartArts**. Nachfolgend fügen Sie ein SmartArt vom Typ **Radialdiagramm** ein. Mit diesem Diagramm stellen Sie auf Folie 4 wichtige Bestandteile des Internets grafisch dar.

82. Klicken Sie auf das Register **Start**, um es zu aktivieren.

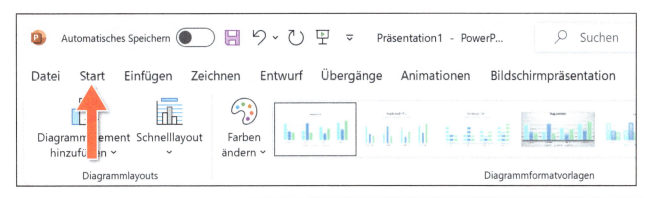

83. Klicken Sie auf das Symbol der Schaltfläche **Neue Folie**, um eine neue Folie einzufügen.

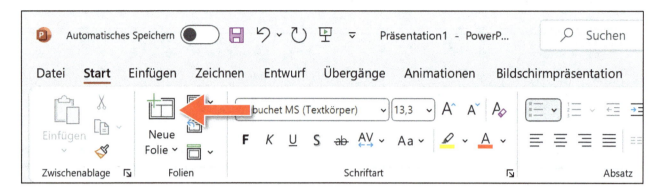

84. Geben Sie für diese Folie den Titel **Techniken** ein.

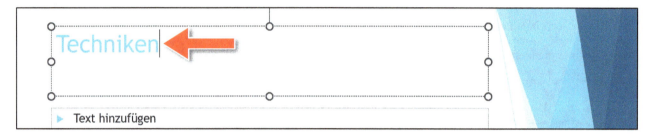

85. Klicken Sie im unteren Platzhalter auf das Symbol **SmartArt-Grafik einfügen**, um das Dialogfenster **SmartArt-Grafik auswählen** zu öffnen.

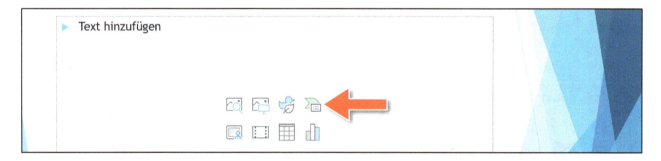

86. Klicken Sie auf die Kategorie **Zyklus**, um diese Kategorie auszuwählen.

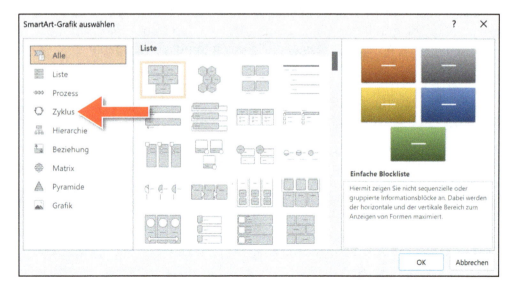

87. Klicken Sie auf das Symbol *Einfaches Radial*, um dieses SmartArt zu markieren.

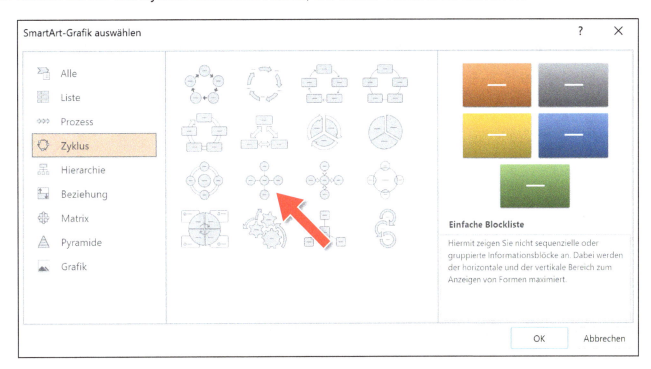

88. Klicken Sie auf *OK*, um das SmartArt einzufügen. Betrachten Sie das Ergebnis.

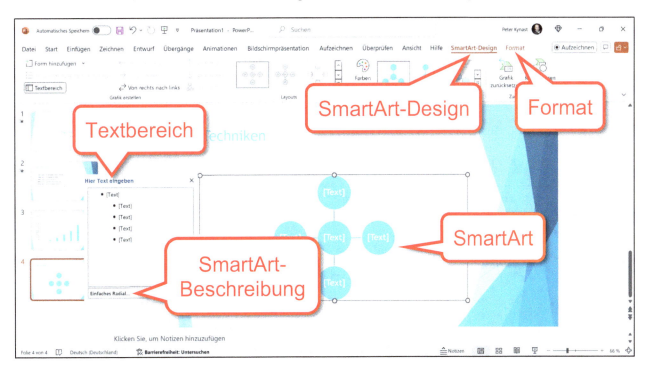

Ergebnis: Mit dem SmartArt werden die beiden Register *SmartArt-Design* und *Format* eingeblendet. Außerdem ist der *Textbereich* sichtbar.

Hinweis: Die Kreise lassen sich am einfachsten über den Textbereich beschriften. Eine direkte Eingabe in die Kreise ist aber auch möglich.

Achtung: Sollte der Textbereich nicht sichtbar sein, klicken Sie im Register *SmartArt-Design* auf die Schaltfläche *Textbereich* [Textbereich] . Siehe Abbildung auf der nächsten Seite.

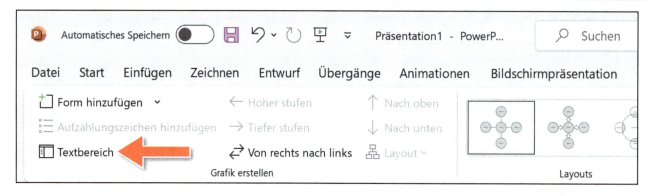

89. Klicken Sie im Textbereich auf den obersten Listenpunkt und geben Sie das Wort **Internet** ein.

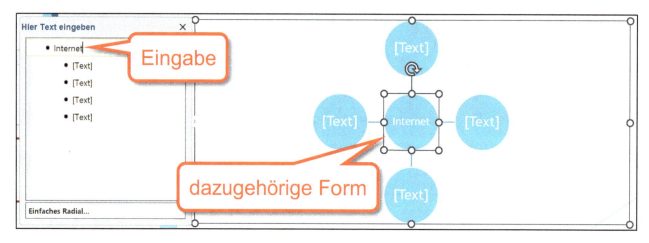

Ergebnis: Das Wort erscheint in dem mittleren Kreis. Dieser Kreis gehört zum ersten Listenpunkt. Die Kreise werden auch Formen genannt.

90. Drücken Sie die Pfeiltaste **Runter** ↓, um den Cursor in den nächsten Listenpunkt zu setzen.

    Achtung: Drücken Sie <u>nicht</u> die Taste **Enter** ↵. Dadurch würden Sie einen neuen Aufzählungspunkt erzeugen.

91. Geben Sie den Begriff **WWW** ein.

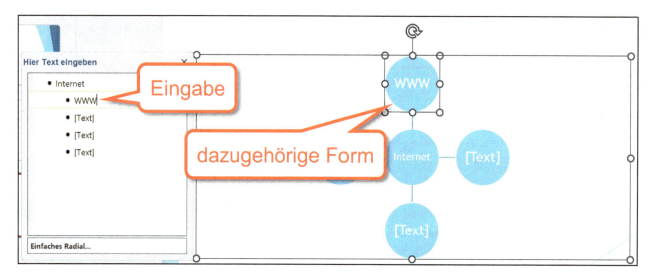

Hinweis: Das WWW wird oft mit dem Internet gleichgesetzt. Strenggenommen ist es aber nur ein Teil des Internets. Das WWW ist der Teil des Internets, den Sie mit Ihrem Webbrowser, z. B. Chrome, Edge oder Firefox, besuchen können.

92. Geben Sie folgende weitere Wörter ein. Gehen Sie jeweils mit der Pfeiltaste **Runter** ⬇ zum nächsten Aufzählungspunkt. Drücken Sie <u>nicht</u> die Taste **Enter** ⬐.

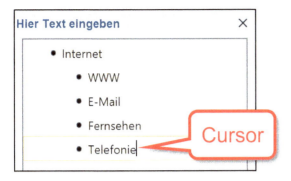

Ergebnis: Alle Listenpunkte sind ausgefüllt. Der Cursor befindet sich am Ende der Liste.

93. Drücken Sie die Taste **Enter** ⬐ , um einen neuen Listenpunkt einzufügen.

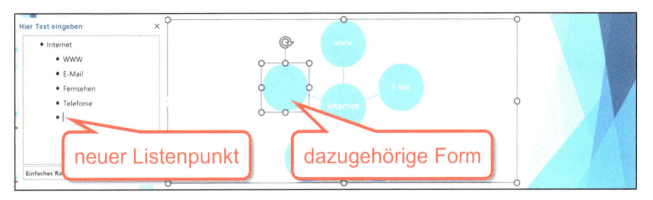

Ergebnis: Mit dem neuen Listenpunkt wird auch ein neuer Kreis (Form) erzeugt.

94. Geben Sie das Wort **Radio** ein.

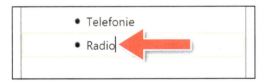

4.2.17 SmartArt mit Animation versehen

Die Formen sollen nacheinander erscheinen und werden daher mit einer Animation versehen.

95. Klicken Sie im Menüband auf das Register **Animationen**.

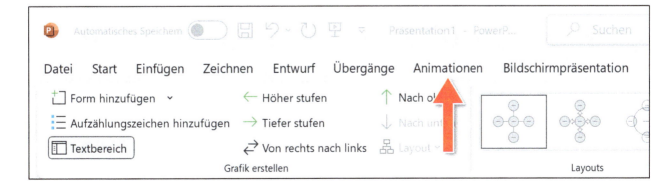

96. Klicken Sie auf die Schaltfläche *Erscheinen*, um dem SmartArt diesen Effekt zuzuweisen.

97. Betrachten Sie das Ergebnis.

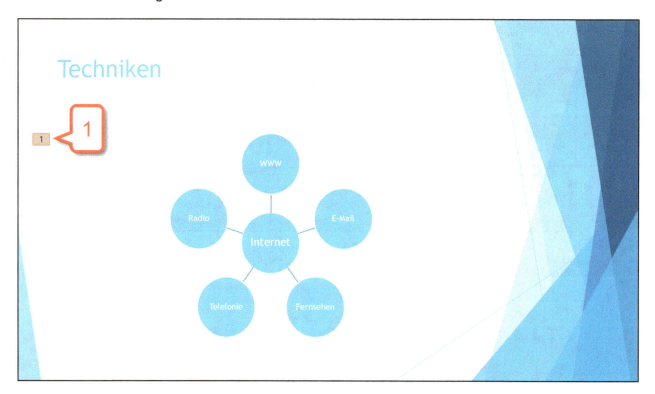

Ergebnis: Neben dem SmartArt wird die Nummer des Effektes (1) angezeigt.
Hinweis: Die Nummer 1 bedeutet, dass das SmartArt mit dem ersten Klick angezeigt wird. Die Animation *Erscheinen* enthält keinen optischen Effekt. Sie blendet ein Objekt lediglich ein.

98. Klicken Sie auf die Schaltfläche *Effektoptionen*, um das Listenfeld der Schaltfläche zu öffnen.

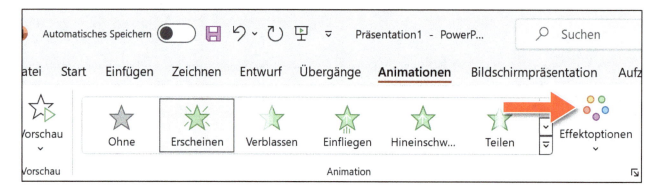

99. Klicken Sie auf den Listenpunkt *Nacheinander*, um diese Animationsreihenfolge auszuwählen.

Hinweis: Durch die Animationsreihenfolge *Nacheinander* werden die Kreise des SmartArts in der Präsentation einzeln eingeblendet.

100.   Betrachten Sie das Ergebnis.

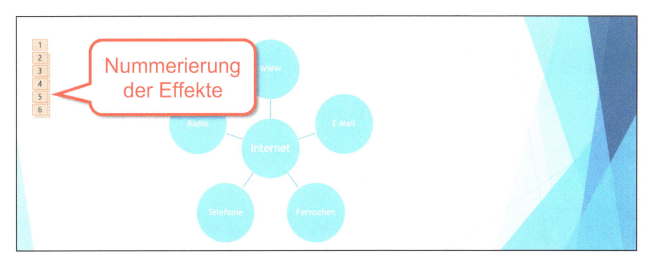

Ergebnis: Durch die Einstellung *Nacheinander* erscheinen die Kreise während der Präsentation einzeln. Für jeden Kreis müssen Sie in der Präsentation einmal klicken. Dass die Formen nacheinander erscheinen, wird durch die fortlaufende Nummerierung der Effekte angezeigt.

4.2.18   Folie 5: Vorteile

Die fünfte Folie soll die Vorteile des Internets aufzeigen und zusätzlich ein Bild enthalten.

101.   Klicken Sie im Register *Start* auf den <u>unteren</u> Teil der Schaltfläche *Neue Folie*, um das Listenfeld dieser Schaltfläche zu öffnen.

102.   Klicken Sie auf den Eintrag *Zwei Inhalte*, um eine neue Folie mit diesem Layout einzufügen.

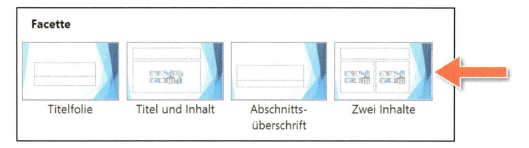

103.   Betrachten Sie das Ergebnis.

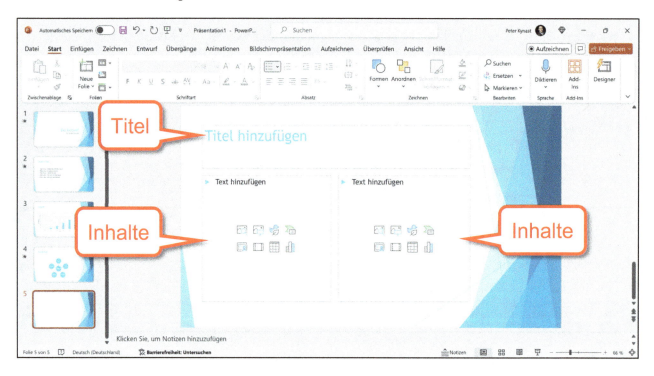

Ergebnis: Eine Folie mit einem Titelplatzhalter und zwei Platzhaltern für Inhalte wird eingefügt.

4.2.19   Eingabe der Inhalte

104.   Geben Sie folgende Texte für den Titel und den linken Platzhalter ein.

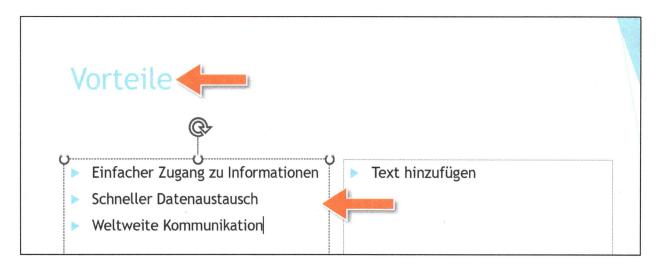

4.2.20 Animation für die Aufzählung

105. Kontrollieren Sie, ob sich der Cursor noch im linken Platzhalter befindet.

Hinweis: Die Aufzählung ist dadurch markiert.

106. Klicken Sie auf das Register **Animationen**.

107. Klicken Sie auf die Animation **Hineinschweben**, um der Aufzählung diesen Effekt zuzuweisen.

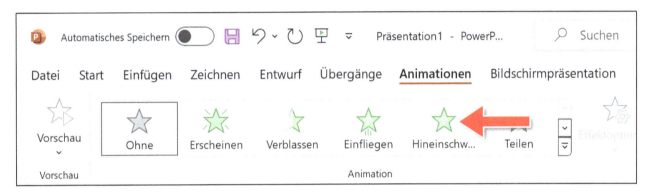

108. Betrachten Sie das Ergebnis. Die Listenpunkte schweben einzeln von unten hinein.

Hinweis: Sie können die Animation jederzeit über die Schaltfläche **Vorschau** im Register **Animationen** erneut abspielen.

4.2.21 Bilder einfügen

Bilder sind für eine gute Präsentation unerlässlich. Sie unterstützen und transportieren die wichtigsten inhaltlichen Aussagen.

109. Klicken Sie im rechten Platzhalter auf die Schaltfläche **Bilder**.

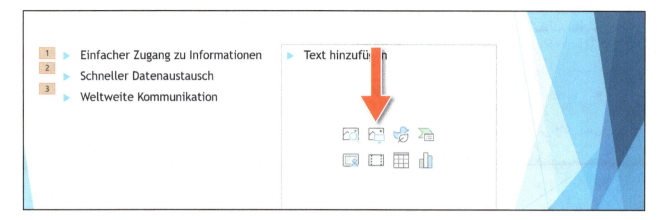

Ergebnis: Das Dialogfenster **Grafik einfügen** wird eingeblendet.

110. Klicken Sie auf den Ordner **Downloads**, um diesen Ordner zu öffnen.

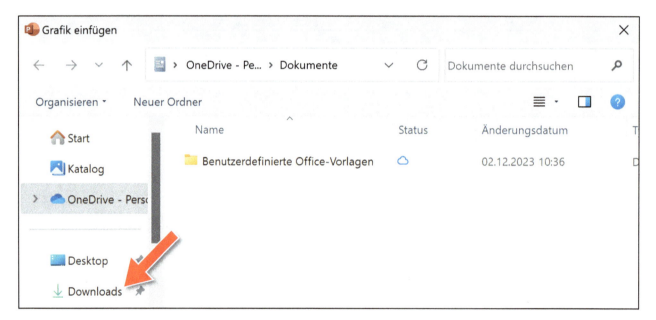

Achtung: Wenn Sie die Übungsdateien in einem anderen Ordner gespeichert haben, öffnen Sie jetzt diesen Ordner.

111. Klicken Sie doppelt auf den Ordner mit den Übungsdateien, um ihn zu öffnen.

Weiterlesen: Das Herunterladen der Übungsdateien wird in Kapitel 2, Seite 3 beschrieben.

112.   Klicken Sie doppelt auf den Unterordner *Internet*, um ihn zu öffnen.

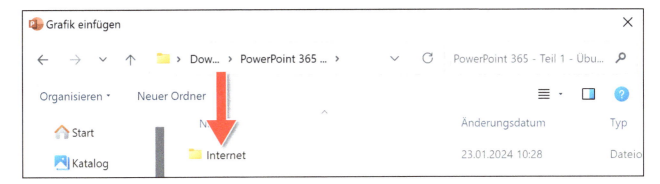

113.   Klicken Sie auf die Datei *Internet - S0582*, um sie zu markieren.

114.   Klicken Sie auf die Schaltfläche *Einfügen*, um das Bild einzufügen.

115.   Betrachten Sie das Ergebnis.

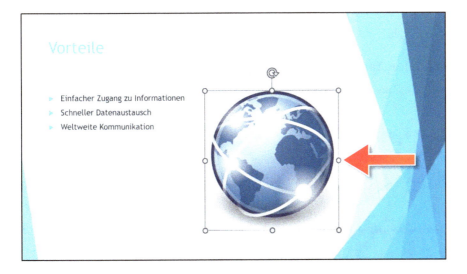

Ergebnis: Das Dialogfenster wird geschlossen. Das Bild wird in den Platzhalter gesetzt.
Achtung: Sollte sich bei diesem Vorgang der Bereich *Designer* wieder öffnen, schließen Sie ihn mit dem Kreuz rechts oben im Bereich *Designer*.

4.2.22   Folie 6: Was kommt in Zukunft?

Folie 6 hat den gleichen Aufbau wie Folie 5. Sie besteht aus einem Titel, einer Aufzählung und einem Bild.

116.   Klicken Sie im Register **Start** auf den <u>unteren</u> Teil der Schaltfläche **Neue Folie**, um das Listen-feld dieser Schaltfläche zu öffnen.

> **Hinweis:** Die Schaltfläche besteht aus zwei Teilen. Durch einen Klick auf den unteren Teil der Schaltfläche wird das Listenfeld der Schaltfläche geöffnet. Beim Anklicken des Symbols (oberer Teil) würde sofort eine neue Folie erzeugt werden.

117.   Klicken Sie auf den Eintrag **Zwei Inhalte**, um eine Folie mit diesem Layout einzufügen.

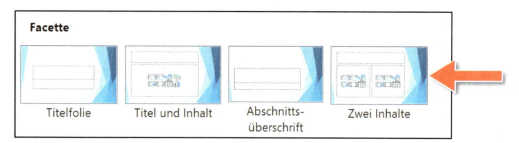

> **Hinweis:** Der Begriff **Layout** bedeutet Gestaltung oder Aufbau. Neue Folien werden immer nach der aktiven Folie eingefügt.

4.2.23   Texteingabe

118.   Geben Sie folgende Texte für den Titel und den linken Platzhalter ein.

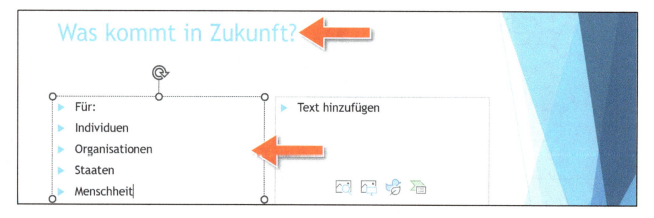

> **Hinweis:** Das Wort **Für** ist kein Teil der Auflistung. Es wird im nächsten Schritt aus der Aufzählung herausgenommen.

119.   Klicken Sie auf das Wort *Für*, um den Cursor in diesen Listenpunkt zu setzen.

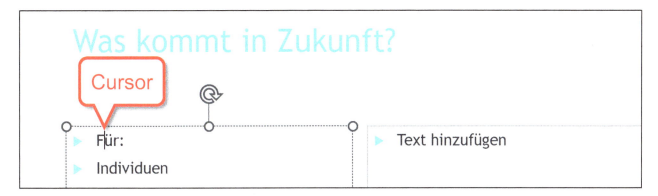

Hinweis: Durch den Cursor ist dieser Listenpunkt markiert.

120.   Klicken Sie auf die Schaltfläche *Aufzählungszeichen* ⌗, um dieses Format für das Wort *Für* wieder auszuschalten.

121.   Betrachten Sie das Ergebnis.

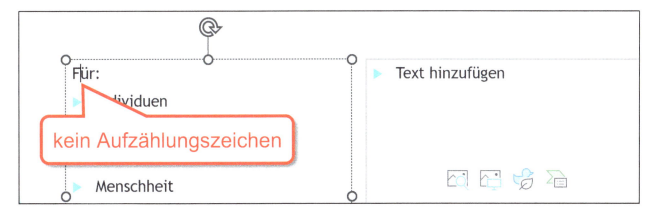

Ergebnis: Das Aufzählungszeichen vor dem Wort *Für* wird entfernt.
Hinweis: Aufzählung ist ein Format. Es kann durch Anklicken der Schaltfläche *Aufzählungszeichen* wieder entfernt werden.

4.2.24   Animation für die Aufzählung

Die Aufzählung soll mit einer Animation versehen werden. Das Wort *Für* soll dabei gleichzeitig mit dem ersten Listenpunkt erscheinen.

122.   Kontrollieren Sie, ob sich der Cursor noch in dem Platzhalter mit der Aufzählung befindet.

123.   Klicken Sie im Register **Animationen** auf die Schaltfläche **Hineinschweben**, um der Aufzählung diese Animation zuzuweisen.

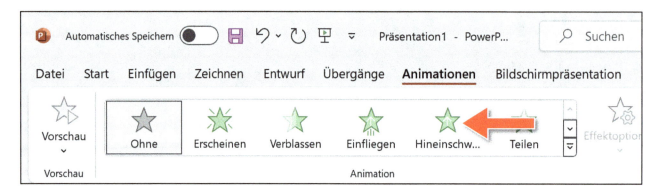

Ergebnis: Dem Wort **Für** und allen vier Listenpunkten wird diese Animation zugewiesen.

124.   Klicken Sie auf die Nummer des zweiten Effektes, um diesen Effekt auszuwählen.

Ergebnis: Die Nummer **2** wird farbig hervorgehoben. Die Nummern der anderen Effekte sind farblos.

125.   Klicken Sie auf den kleinen Pfeil am Listenfeld **Start**, um dieses Listenfeld zu öffnen.

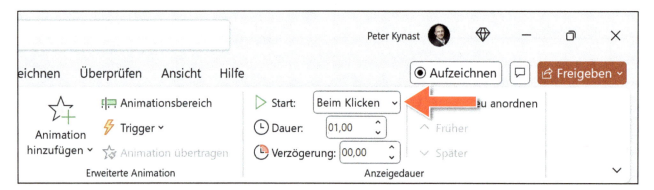

126.   Klicken Sie in dem Listenfeld auf **Mit Vorheriger**, um diese Einstellung zu aktivieren.

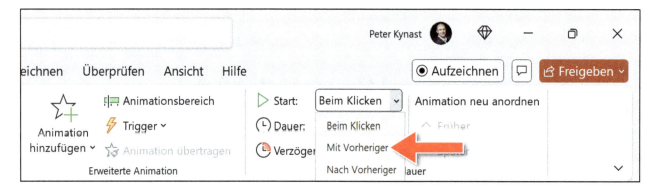

Ergebnis: Die Nummerierung der Effekte wird geändert. Sowohl der erste als auch der zweite Effekt besitzen nun die Nummer 1.

127. Betrachten Sie das Ergebnis. Die ersten beiden Effekte weisen die Nummer 1 auf.

Hinweis: Effekte mit der gleichen Nummer erscheinen gleichzeitig. Die Einstellung **Mit Vorheriger** bedeutet, dass der gewählte Effekt gleichzeitig mit dem vorherigen Effekt eingeblendet wird. Das Wort **Individuen** erscheint also gleichzeitig mit dem vorherigen Wort **Für**.

4.2.25   Archivbilder einfügen

Mit PowerPoint können Sie Bilder in einer internen Bilderdatenbank suchen und einfügen. Die dazuge-hörige Funktion nennt sich **Archivbilder**.

128. Klicken Sie im rechten Platzhalter auf die Schaltfläche **Archivbilder**.

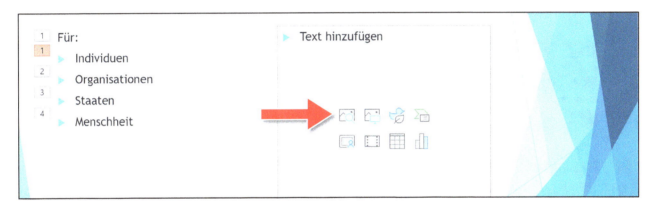

129. Betrachten Sie das Ergebnis. Ein Dialogfenster mit Fotos wird eingeblendet.

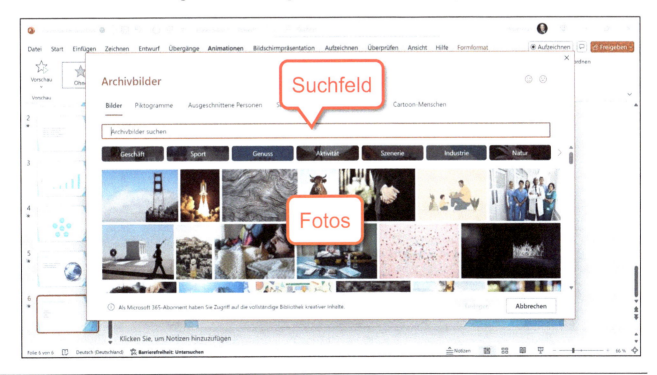

130.   Geben Sie im Suchfeld das Wort **Weg** ein.

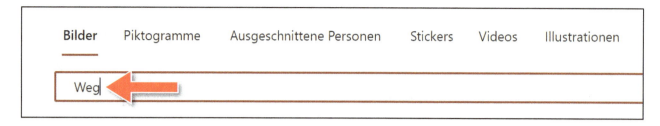

Hinweis: Die Suche beginnt, sobald Sie mit dem Tippen beginnen. Die Taste **Enter** ⏎ ist nicht notwendig.

131.   Betrachten Sie das Ergebnis.

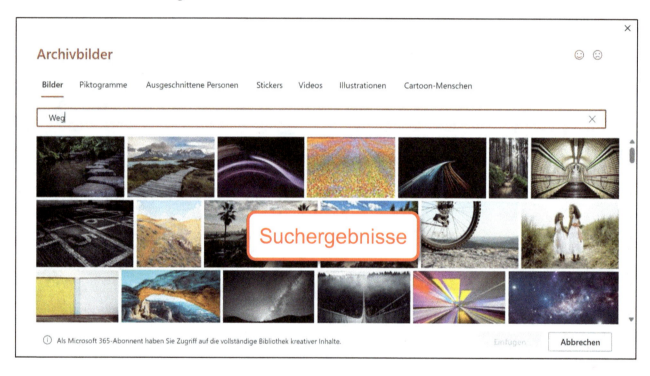

Ergebnis: Die Suchergebnisse werden angezeigt.
Hinweis: Die Ergebnisse ändern sich bei jedem Suchvorgang. Auch wenn Sie den gleichen Such-begriff erneut verwenden.

132.   Klicken Sie doppelt auf ein Foto Ihrer Wahl, um das Foto in die Präsentation einzufügen.

Hinweis: Die Ergebnisse der Bildersuche werden zufällig angeordnet. Die Auswahl wird daher bei Ihnen anders aussehen. Sie können die Auswahl auch mit der Schaltfläche **Einfügen** abschließen.

133. Betrachten Sie das Ergebnis.

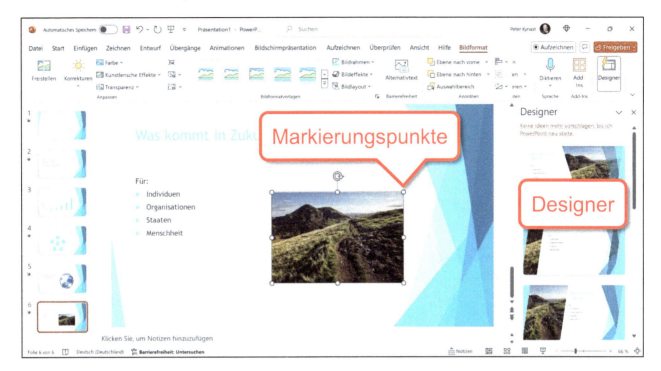

Ergebnis: Nach dem Einfügen ist das Bild mit acht Punkten markiert. Außerdem wird der Bereich **Designer** wieder eingeblendet.

134. Klicken Sie im Fenster **Designer** auf die Schaltfläche **Schließen** ⊠.

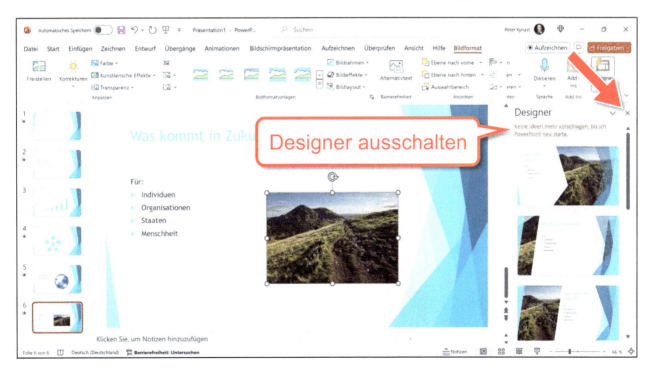

Hinweis: Wenn Sie den Designer ausschalten wollen, können Sie auch auf die Schaltfläche **Keine Ideen mehr vorschlagen, bis ich PowerPoint neu starte.** klicken.

4.2.26   Bild vergrößern

Achten Sie beim Verändern der Bildgröße immer darauf, welchen Anfasser Sie benutzen. Mit den seitlichen Anfassern verzerren Sie Bilder. Nur wenn Sie an einem Anfasser an einer Ecke ziehen, bleiben die Proportionen des Bildes erhalten.

135.   Setzen Sie die Maus auf den Markierungspunkt oben rechts am Bild.

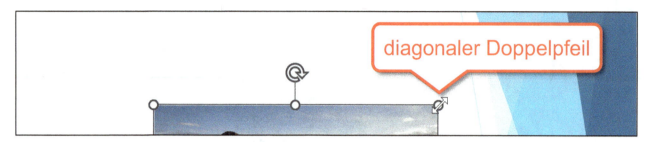

Ergebnis: Die Maus wird als diagonaler Doppelpfeil ↗ dargestellt.

Hinweis: Die Markierungspunkte werden oft auch als **Anfasser** bezeichnet.

136.   Ziehen Sie die Maus bei gedrückter Maustaste nach außen, um das Bild ein wenig zu vergrößern.

137.   Betrachten Sie das Ergebnis.

4.2.27   Folie 7: WordArt einfügen

Der Begriff **WordArt** steht für Texteffekte. Diese Texteffekte sind z. B. Farbverläufe, Schatten oder 3D-Texte. Die Gestaltungsmöglichkeiten sind bei WordArt deutlich umfangreicher als bei den normalen Schriftformaten.

138. Klicken Sie im Register *Start* auf den <u>unteren</u> Teil der Schaltfläche *Neue Folie*, um das Listenfeld dieser Schaltfläche zu öffnen.

139. Klicken Sie auf den Eintrag *Leer*, um eine leere Folie ohne Platzhalter einzufügen.

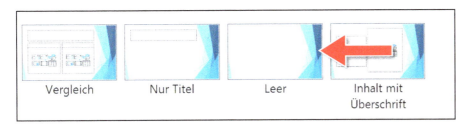

Hinweis: Eine neue Folie wird immer <u>nach</u> der aktuell sichtbaren Folie eingefügt.

140. Klicken Sie auf das Register *Einfügen*.

141. Klicken Sie auf die Schaltfläche *WordArt*, um das Listenfeld dieser Schaltfläche zu öffnen.

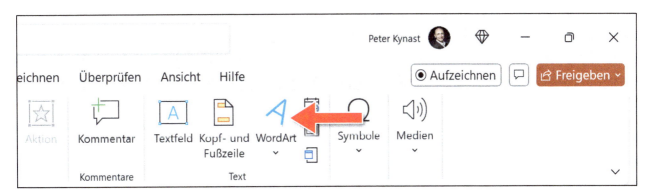

142.   Klicken Sie in der dritten Zeile auf das vierte Beispiel.

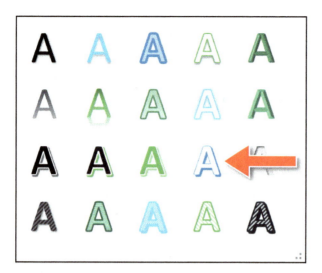

143.   Betrachten Sie das Ergebnis.

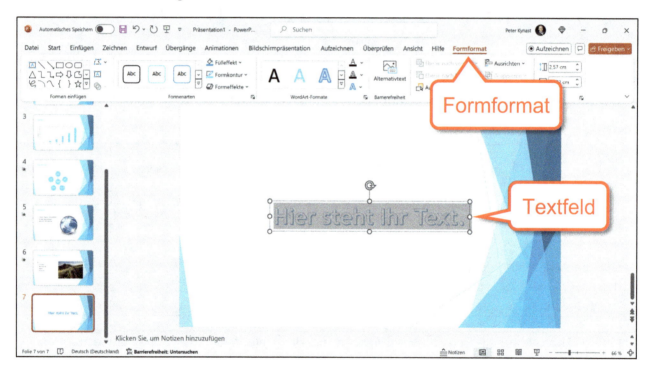

Ergebnis: Ein Textfeld wird mittig auf der Folie eingefügt. Der Beispieltext *Hier steht Ihr Text ist* markiert. Gleichzeitig wird das Register *Formformat* eingeblendet.

Hinweis: Das Register *Formformat* enthält die Werkzeuge zur Bearbeitung des WordArt-Textes. Dieses Register ist aber nur solange eingeblendet, wie das WordArt-Textfeld markiert ist.

144.   Geben Sie in dem WordArt-Feld den Text *Mehr Vernetzung* ein.

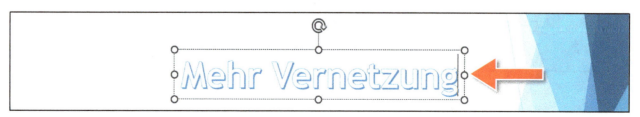

4.2.28   Animation

Der Schriftzug **Mehr Vernetzung** soll automatisch beim Aufruf der letzten Folie erscheinen. Der Text soll langsam erscheinen und dadurch betont werden.

145.   Klicken Sie im Register **Animationen** auf die Schaltfläche **Verblassen**.

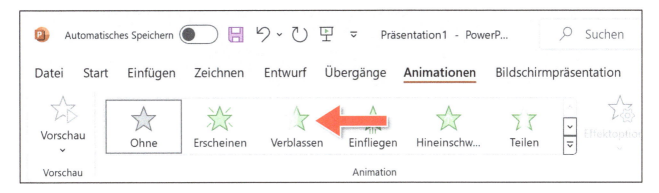

Hinweis: Der Name **Verblassen** ist irritierend. Tatsächlich bewirkt dieser Effekt das genaue Gegenteil. Wenn Sie einem Objekt diesen Effekt zuweisen, ist es zuerst unsichtbar und wird danach langsam sichtbar.

146.   Klicken Sie auf den kleinen Pfeil ⌄ am Listenfeld **Start**, um dieses Listenfeld zu öffnen.

147.   Klicken Sie im Listenfeld auf den Listenpunkt **Mit Vorheriger**.

Ergebnis: Die Nummer des Effektes wird von 1 auf 0 geändert.
Hinweis: Die Nummerierung mit dem Wert 0 bedeutet, dass dieser Effekt sofort mit dem Aufrufen der Folie erscheint.

148.   Geben Sie im Feld **Dauer** den Wert **10** ein, um die Effektdauer auf 10 Sekunden zu dehnen.

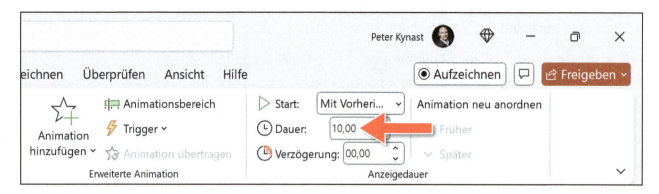

4.2.29   Testen der Präsentation

149.   Klicken Sie im Register **Bildschirmpräsentation** auf die Schaltfläche **Von Beginn an**, um die Präsentation zu starten.

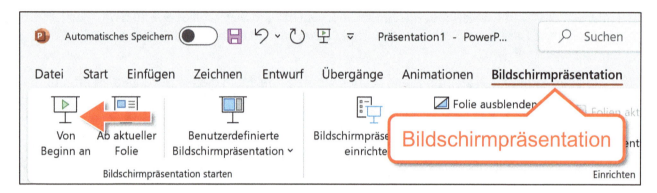

   Oder: Eine Präsentation kann auch mit der Taste $\boxed{\text{F5}}$ gestartet werden.

150.   Betrachten Sie das Ergebnis. Die Präsentation wird gestartet.

151.   Rufen Sie alle Folien auf, um den Ablauf zu testen. Beenden Sie danach die Präsentation.

4.2.30   Speichern der Präsentation

Wenn Sie eine Präsentation dauerhaft behalten wollen, müssen Sie sie speichern. Beim ersten Speichern legen Sie dabei <u>immer</u> den Speicherort und den Namen der Präsentation fest.

152.   Klicken Sie auf die Schaltfläche **Speichern** 💾, um den Speichervorgang zu starten.

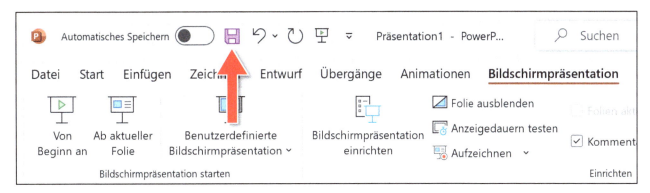

153.   Betrachten Sie das Ergebnis.

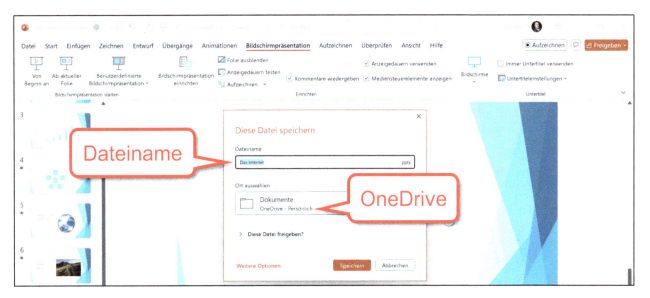

Ergebnis: Das Dialogfenster **Diese Datei speichern** wird eingeblendet. Der Titel der Präsentation **Das Internet** wird als Dateiname vorgeschlagen. Der Speicherort **Dokumente** wird als Ziel vorgeschlagen. Er befindet sich auf Ihrem **OneDrive**. Sie können beide Angaben auf Wunsch ändern.
Hinweis: Der OneDrive ist Ihr persönlicher Speicher im Internet. Diesen Speicher sollten Sie verwenden, wenn Sie auf die Präsentation von verschiedenen Standorten oder Computern zugreifen möchten. Wenn Sie diese Präsentation nur an einem Computer verwenden, können Sie die Datei auch im lokalen Ordner **Dokumente** speichern. Wenn Sie diese Schulungsunterlage in einem EDV-Kurs durcharbeiten, sollten Sie eventuell ein anderes Speicherziel verwenden. Fragen Sie Ihren dortigen Ansprechpartner.

154.   Ändern Sie auf Wunsch den Dateinamen und den Speicherort. In diesem Buch wird der **OneDrive** verwendet.

155.   Klicken Sie auf die Schaltfläche **Speichern**, um die Präsentation zu speichern.

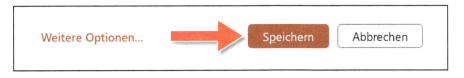

Ergebnis: Das Dialogfenster **Diese Datei speichern** wird geschlossen. Die Präsentation wird in dem von Ihnen gewählten Ordner gespeichert.

156.   Betrachten Sie die Titelleiste.

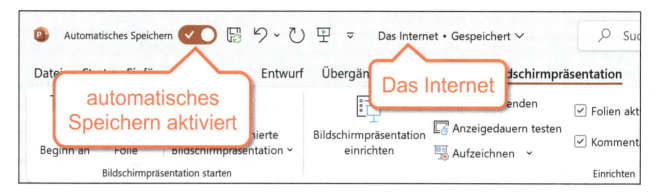

Ergebnis: Die Titelleiste zeigt den Namen der Präsentation an. Mit dem Speicherort OneDrive wird das automatische Speichern aktiviert.
Hinweis: Das **automatische Speichern** erfordert, dass Sie den OneDrive als Speicherort nutzen.

4.2.31   Programm schließen

157.   Klicken Sie auf die Schaltfläche **Schließen** ☒, um PowerPoint zu schließen.

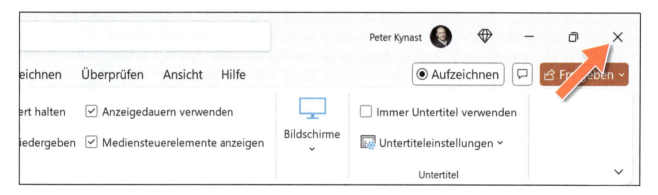

Testen Sie Ihr Wissen!

Möchten Sie Ihre Kenntnisse testen? Auf unserer Homepage haben wir einige Quizze für Sie vorbereitet. Sie finden Sie unter:

www.wissenssprung.de → Quizze

oder scannen Sie diesen QR-Code mit Ihrer Handykamera.

5   Anleitung: Urlaubsfotos

Mithilfe der folgenden Anleitung erstellen Sie eine Präsentation für Urlaubsfotos. Eine Abbildung der fertigen Präsentation sehen Sie auf der rechten Seite.

5.1   Neue Inhalte

- Fotoalben erstellen
- Folien sortieren und kopieren
- Folienübergänge einstellen
- Google Maps aufrufen
- Screenshots erstellen
- Transparenz bei Bildern aktivieren
- Präsentationen als Video speichern
- Videos abspielen
- Informationen zu Videoauflösungen

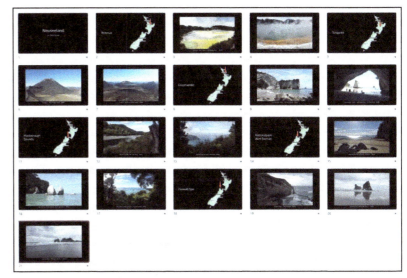

5.2   Wiederholungen

- Bildgrößen verändern
- Normal- und Präsentationsansicht

Ergebnis: Urlaubsfotos

5.3   Anleitung

Folgen Sie den Anweisungen dieser Anleitung. Alle Vorgänge werden Schritt für Schritt erklärt.

5.3.1   Programmstart

1. Klicken Sie auf die Schaltfläche **Start** ▣ → **PowerPoint**, um PowerPoint zu starten.
2. Klicken Sie im Startfenster auf die Schaltfläche **Leere Präsentation**, um eine leere Präsentation zu erzeugen.

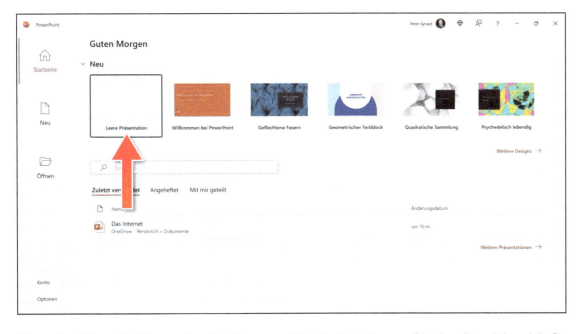

Hinweis: Wenn bei Ihnen der **Designer** geöffnet wird, können Sie den Bereich schließen.

5.3.2   Fotoalbum erzeugen

3. Klicken Sie auf das Register *Einfügen*.

4. Klicken Sie auf die Schaltfläche *Fotoalbum*, um ein neues Album zu erstellen.

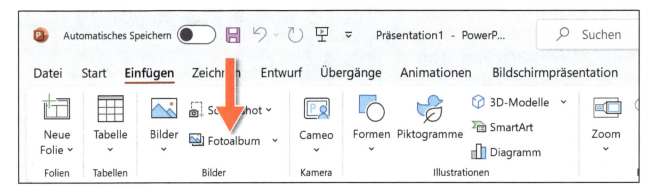

Ergebnis: Das Dialogfenster *Fotoalbum* wird geöffnet.

5. Klicken Sie auf die Schaltfläche *Datei/Datenträger*, um die Fotos für das Album auszuwählen.

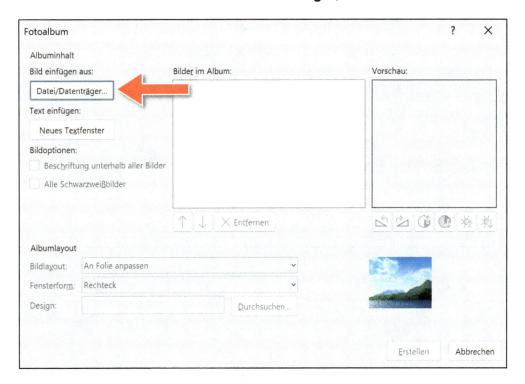

Ergebnis: Das Dialogfenster *Neue Bilder einfügen* wird geöffnet.

6. Klicken Sie auf den Ordner **Downloads**, um ihn zu öffnen.

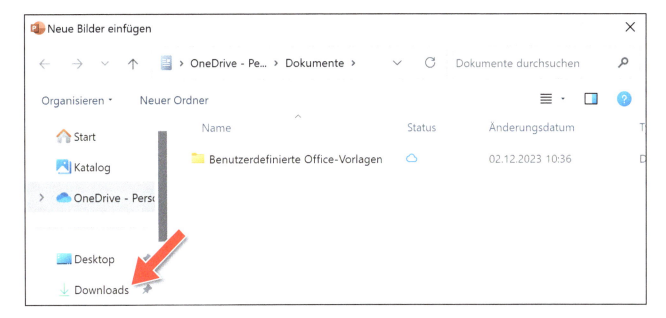

Achtung: Wenn Sie die Übungsdateien in einem anderen Ordner gespeichert haben, öffnen Sie jetzt diesen Ordner.

Weiterlesen: Das Herunterladen der Übungsdateien wird in Kapitel 2, Seite 3 beschrieben.

7. Klicken Sie doppelt auf den Ordner mit den Übungsdateien, um ihn zu öffnen.

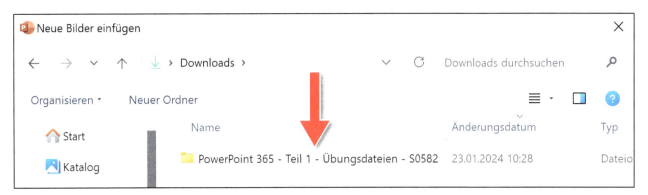

Hinweis: Ordner werden mit einem schnellen Doppelklick geöffnet.

8. Klicken Sie doppelt auf den Ordner **Urlaubsfotos**, um ihn zu öffnen.

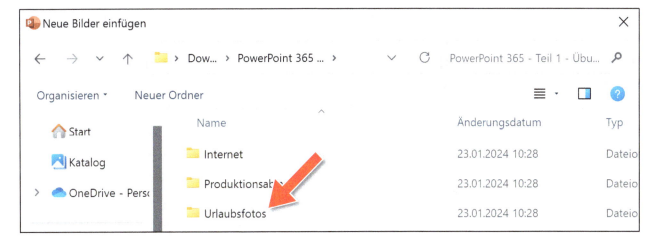

9. Klicken Sie auf ein beliebiges Foto, um es zu markieren.

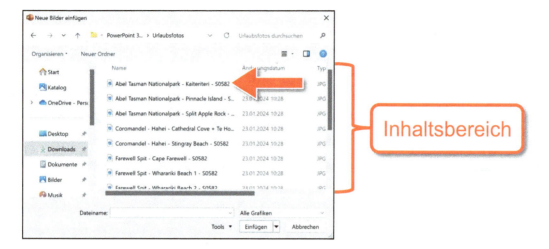

Hinweis: Das Markieren eines Fotos ist für den nächsten Arbeitsschritt wichtig. Es sollen alle Bilder mit der Tastenkombination **Steuerung** Strg + A ausgewählt werden. Dazu muss vorher die Markierung in den Inhaltsbereich gesetzt werden.

10. Drücken Sie die Tastenkombination **Steuerung** Strg + A, um alle Fotos zu markieren.

Hinweis: Beim Drücken einer Tastenkombination halten Sie die erste Taste gedrückt. Drücken Sie danach die zweite Taste kurz. Lassen Sie zum Schluss die erste Taste wieder los.

11. Klicken Sie auf die Schaltfläche **Einfügen**.

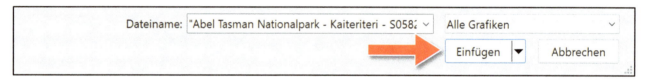

Ergebnis: Das Dialogfenster **Fotoalbum** wird wieder angezeigt.

12. Betrachten Sie das Ergebnis.

Hinweis: Beim Einfügen der Fotos soll automatisch eine Beschriftung erzeugt werden. Als Beschriftung übernimmt PowerPoint die Dateinamen der Fotos. Wenn die Einstellung **An Folie anpassen** ausgewählt ist, ist die Einstellung **Beschriftung unterhalb aller Bilder** inaktiv.

13. Klicken Sie auf den kleinen Pfeil am Listenfeld **Bildlayout**, um dieses Listenfeld zu öffnen.

14. Klicken Sie in der Liste auf **1 Bild**, um pro Folie ein Bild einzufügen.

Ergebnis: Die Einstellung **Beschriftung unterhalb aller Bilder** wird nicht mehr in grauer Farbe angezeigt. Sie kann jetzt aktiviert werden.

15. Klicken Sie auf das Kontrollkästchen **Beschriftung unterhalb aller Bilder**, um diese Einstellung zu aktivieren.

16. Klicken Sie auf die Schaltfläche **Erstellen**, um die Fotos einzufügen.

Ergebnis: PowerPoint erstellt automatisch eine <u>neue</u> Präsentation und fügt die Fotos in der neuen Präsentation ein. Die Fotos werden <u>nicht</u> in der aktuellen Präsentation eingefügt.

17. Betrachten Sie das Ergebnis.

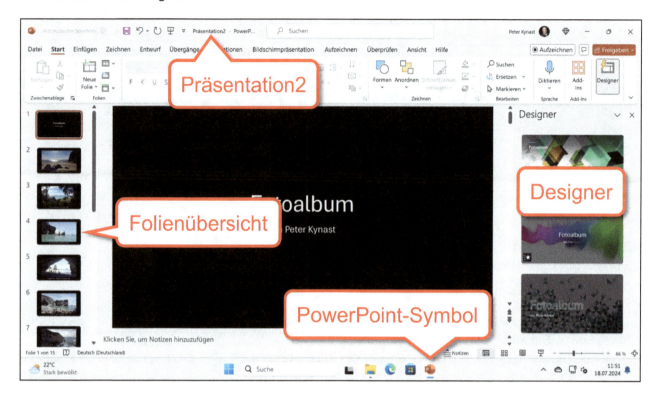

Ergebnis: Das Fotoalbum wird erstellt. Auf der ersten Folie wird als Untertitel Ihr Name eingefügt. In der Titelleiste wird der Name **Präsentation2** angezeigt. Daran erkennen Sie, dass eine neue Präsentation erzeugt wurde. In der Folienübersicht sehen Sie die Folien mit den eingefügten Fotos. Als Hintergrund stellt PowerPoint automatisch die Farbe Schwarz ein. Dadurch kommen die Bilder besser zur Geltung. Auf der rechten Seite wird der Designer eingeblendet. Achten Sie auch unten in der Taskleiste auf das Symbol von PowerPoint. Es hat sich durch das Erstellen der zweiten Präsentation verändert.

18. Klicken Sie im Fenster **Designer** auf die Schaltfläche **Schließen** ☒ .
19. Betrachten Sie das PowerPoint-Symbol in der Taskleiste. Es zeigt eine doppelte Kante.

Hinweis: An der doppelten Kante erkennen Sie, dass mehrere Präsentationen geöffnet sind.

20. Zeigen Sie mit der Maus auf das PowerPoint-Symbol, um das Auswahlfenster der beiden Power-Point-Fenster zu sehen.

Hinweis: Beim Zeigen lassen Sie die Maus auf einer bestimmten Stelle einen Augenblick ruhen, ohne zu klicken.

21. Betrachten Sie das Ergebnis.

Ergebnis: Die beiden geöffneten Präsentationen werden als Miniaturen angezeigt.

22. Klicken Sie auf das Kreuz der **Präsentation1**, um diese Präsentation zu schließen.

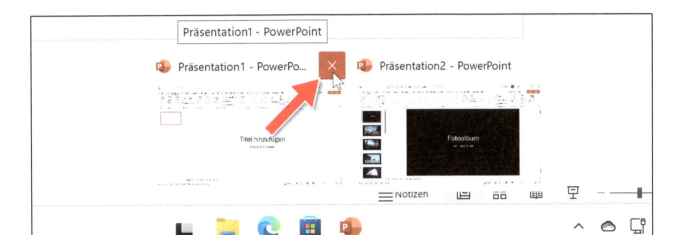

Ergebnis: Die erste, leere Präsentation wird geschlossen. Es erscheint keine Speicherfrage.
Hinweis: Das Kreuz erscheint erst dann, wenn Sie mit der Maus auf die Miniatur zeigen.

5.3.3 Folien sortieren

Die Sortierung der Folien kann in der Folienübersicht auf der linken Seite des Fensters durchgeführt werden. Diese Präsentation enthält aber sehr viele Folien. Daher ist in dieser Situation die Ansicht **Foliensortierung** besser geeignet. Sie wird im nächsten Schritt aktiviert.

23. Klicken Sie in der Statusleiste auf **Foliensortierung** ⊞ , um diese Ansicht zu aktivieren.

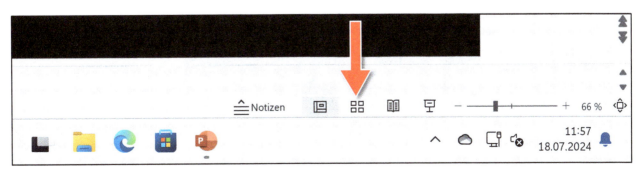

24. Betrachten Sie das Ergebnis. In der Ansicht *Foliensortierung* werden alle Folien als Miniaturen dargestellt.

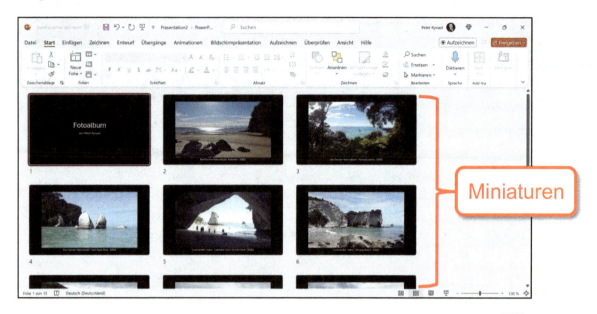

25. Klicken Sie in der Statusleiste unten rechts so oft auf die Schaltfläche *Minus* ⬜, bis alle 15 Folien auf dem Bildschirm zu sehen sind.

Hinweis: Die Schaltfläche Minus verkleinert die Größendarstellung (Zoom) der Folien.

26. Betrachten Sie das Ergebnis.

Ergebnis: Durch die Verkleinerung der Zoomeinstellung passen alle Folien auf den Bildschirm.

27. Ziehen Sie die Folie 12 bei gedrückter linker Maustaste an die zweite Position.

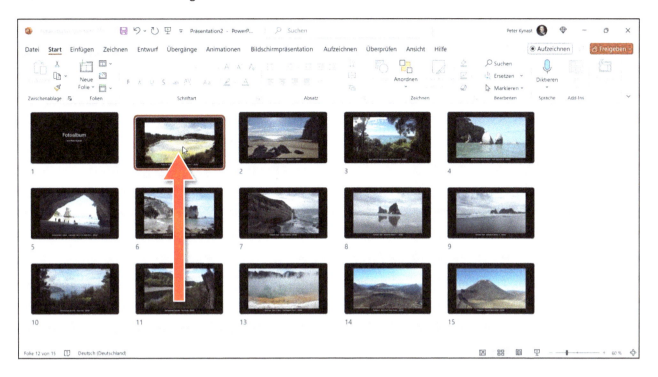

Ergebnis: Beim Ziehen der Folie werden die anderen Folien automatisch verschoben. Es entsteht eine Lücke.

28. Sortieren Sie die restlichen Folien wie in der folgenden Abbildung.

Hinweis: Falls die Abbildungen zu klein sein sollten, können Sie sich auch an der nachfolgenden Auflistung orientieren.

1. Titelfolie	2. Champagne Pool 2	3. Champagne Pool 1
4. Mount Ngauruhoe	5. Blick vom Roten Krater	6. Stingray Beach
7. Cathedral Cove	8. Rai Valley	9. Okiwi Bay
10. Kaiteriteri	11. Split Apple Rock	12. Pinnacle Island
13. Cape Farewell	14. Wharariki Beach 1	15. Wharariki Beach 2

5.3.4 Normalansicht aktivieren

29. Klicken Sie doppelt auf die erste Folie, um die Normalansicht wieder zu aktivieren.

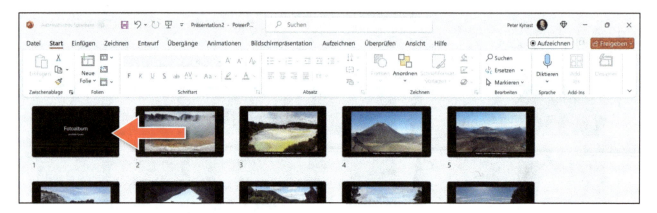

5.3.5 Sortieren in der Normalansicht

Nach dem Verlassen der Ansicht **Foliensortierung** möchten Sie noch die Folien 2 und 3 tauschen. Diese Änderung nehmen Sie in der Normalansicht vor.

30. Klicken Sie auf die Folie 3 und ziehen Sie sie zwischen die Folien 1 und 2, um sie zu verschieben.

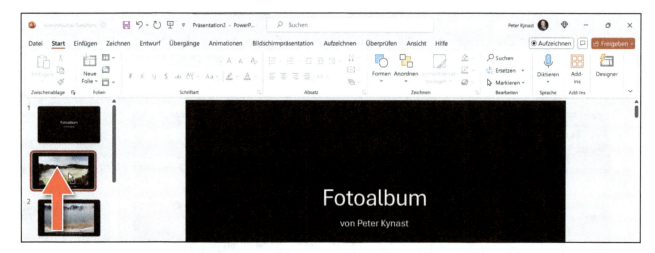

5.3.6 Benennen der Präsentation

31. Klicken Sie in der Folienübersicht auf die erste Folie, um sie aufzurufen.

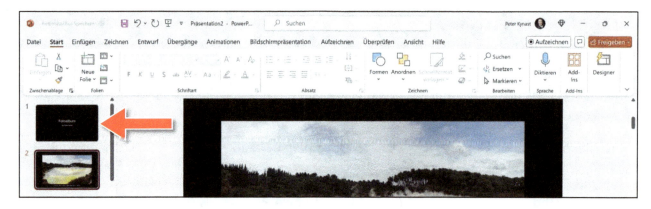

Oder: Benutzen Sie die Taste **Bild auf** Bild ▲ oder das Mausrad.

32. Klicken Sie doppelt auf das Wort **Fotoalbum**. Betrachten Sie das Ergebnis.

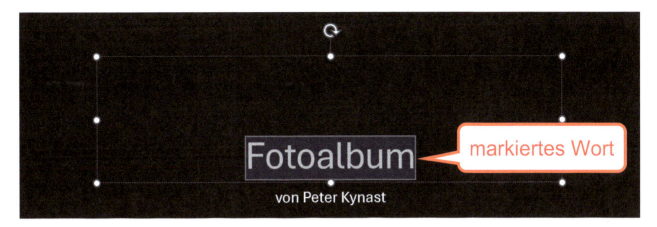

Hinweis: Durch einen Doppelklick wird ein ganzes Wort markiert. Es handelt sich dabei um eine Windows-Funktion. Das bedeutet, sie funktioniert auch in fast allen anderen Programmen.

33. Geben Sie als neuen Titel das Wort **Neuseeland** ein.

Hinweis: Eine wichtige Regel bei der Texteingabe in allen Programmen lautet: Die Eingabe ersetzt die Markierung. Daher wird das Wort **Fotoalbum** bei der Eingabe des ersten Buchstabens **N** gelöscht.

5.3.7   Neue Folie mit Landkarte

Zur besseren Orientierung fügen Sie eine Landkarte in die Präsentation ein.

34. Klicken Sie auf den unteren Teil der Schaltfläche **Neue Folie**, um das Listenfeld dieser Schaltfläche zu öffnen.

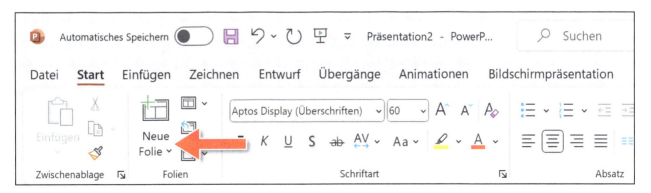

35. Klicken Sie auf die Schaltfläche *Nur Titel*, um eine Folie mit diesem Layout einzufügen.

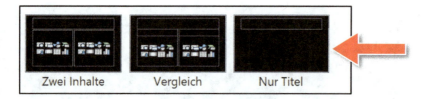

Hinweis: Neue Folien werden immer <u>nach</u> der jeweils aktuellen Folie eingefügt.

36. Geben Sie als Titel für die neue Folie *Rotorua* ein.

Hinweis: Rotorua ist eine Stadt auf der Nordinsel Neuseelands. Sie ist bekannt für ihre heißen Quellen und den Schwefelgeruch, der in der ganzen Stadt wahrzunehmen ist.

37. Setzen Sie die Maus auf den rechten Anfasser (Markierungspunkt) des Platzhalters.

Ergebnis: Die Maus wird als Doppelpfeil ⟺ dargestellt.

38. Ziehen Sie die Maus bei gedrückter Maustaste nach links, um den Platzhalter zu verkleinern. Der Platzhalter soll ungefähr ein Drittel der ursprünglichen Größe haben.

39. Setzen Sie die Maus auf den Rand des Platzhalters, um ihn zu verschieben. Setzen Sie die Maus dieses Mal aber <u>nicht</u> auf einen Anfasser (Markierungspunkt).

Ergebnis: Der Mauszeiger wird als weißer Pfeil mit vier schwarzen Pfeilen dargestellt.
Hinweis: Dieser Mauszeiger symbolisiert das Verschieben eines Elementes. Achten Sie bei der Arbeit am Computer immer auf die Darstellung des Mauszeigers. Der Mauszeiger verändert sich in vielen Situationen und sagt dadurch etwas über den aktuellen Vorgang aus.

40. Ziehen Sie den Platzhalter bei gedrückter Maustaste nach unten. Der Platzhalter soll auf mittlerer Höhe positioniert werden.

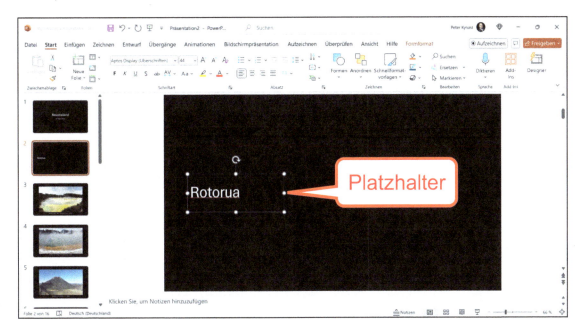

Ergebnis: Beim Ziehen werden rote Orientierungslinien angezeigt. Sie helfen Ihnen, den Platzhalter in der Mitte der Folie zu platzieren.

5.3.8   Einfügen einer Landkarte

Zur besseren Orientierung soll eine Karte von Neuseeland eingefügt werden. Diese Karte wird als sogenannter Screenshot (Bildschirmfoto) vom Kartendienst Google Maps eingefügt.

41. Klicken Sie in der Taskleiste auf das Symbol des Browsers **Edge**, um ihn zu starten.

Hinweis: Falls Sie einen anderen Browser bevorzugen, z. B. Firefox oder Chrome, können Sie diesen auch verwenden. Edge ist der Internetbrowser der Firma Microsoft. Ein Browser ist ein Programm zum Aufrufen und Anschauen von Internetseiten (engl.: to browse = blättern).

42. Klicken Sie ganz oben in die Adressleiste, um den Cursor in diese Leiste zu setzen.

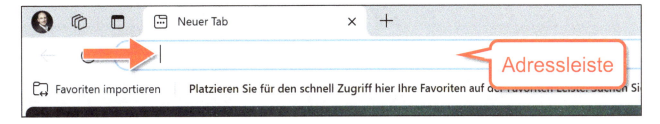

Achtung: Computer sind oft sehr unterschiedlich eingestellt. Es kann sein, dass bei Ihnen die Adressleiste einen anderen Text enthält. Für diesen Vorgang spielt das aber keine Rolle.

43. Geben Sie die Adresse *maps.google.com* ein.

Hinweis: Bei der Adresse *maps.google.com* handelt es sich um eine sogenannte Subdomain. Eine Subdomain ist eine Unterseite. Die Subdomain maps.google.com ist eine Unterseite von *www.google.com*. Bei Subdomains werden die Adressen ohne *www.* eingegeben.

44. Bestätigen Sie die Eingabe mit der Taste *Enter* ⏎. Betrachten Sie das Ergebnis.

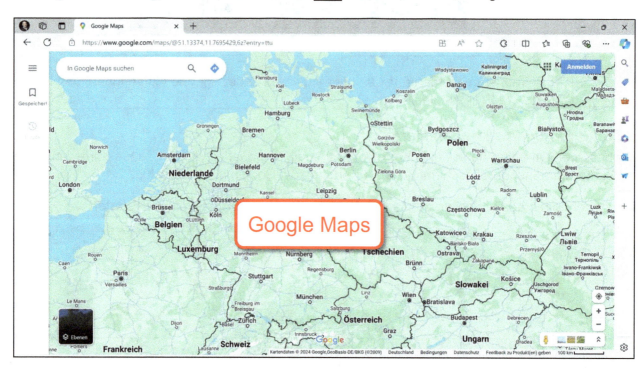

Ergebnis: Die Seite von Google Maps wird aufgerufen. Der angezeigte Kartenbereich und der eingestellte Zoom-Faktor passt sich meist an Ihren aktuellen Standort an.

45. Geben Sie im Suchfeld den Begriff *Neuseeland* ein und bestätigen Sie die Eingabe mit der Taste *Enter* ⏎.

46. Klicken Sie auf den Pfeil an der Seitenleiste, um dieses Element auszublenden.

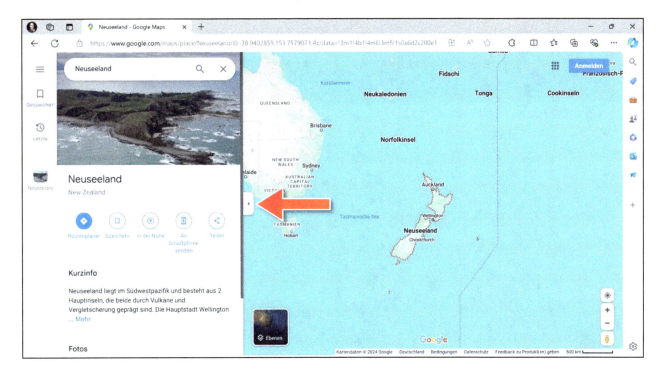

47. Betrachten Sie das Ergebnis.

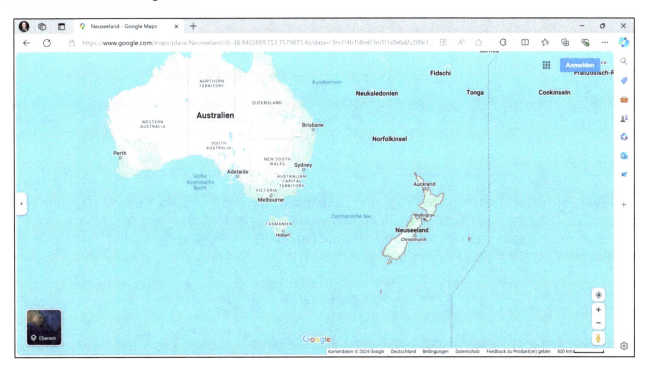

Vergleichen Sie!

Möchten Sie Ihre Übungen vergleichen? Sie finden die Ergebnisdateien in Ihrem Übungsordner.

48. Setzen Sie die Maus mittig auf das Land Neuseeland und drehen Sie das Mausrad nach vorne, um die Karte zu vergrößern.

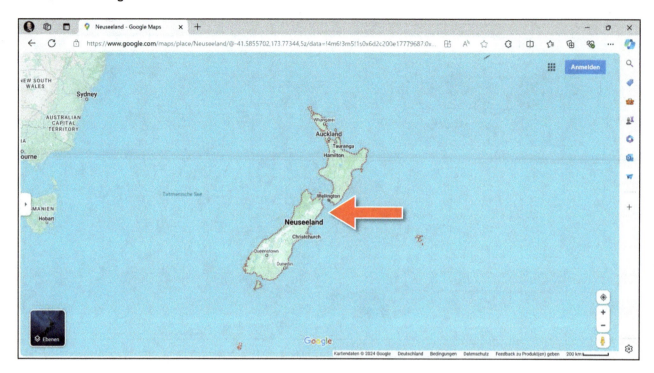

Hinweis: Es wird immer der Kartenausschnitt vergrößert, an dem sich die Maus befindet.

49. Klicken Sie in der Taskleiste auf das Symbol von *PowerPoint*, um das Programm wieder in den Vordergrund zu holen.

Hinweis: Aktuell sind mehrere Programme geöffnet (Edge und PowerPoint). Ein Programm wird am Computer auch als *Task* bezeichnet (engl.: task = Aufgabe). Daher wird das Arbeiten mit mehreren Programmen auch *Multitasking* genannt (lat.: multi = viele, mehrfach).

50. Klicken Sie auf das Register *Einfügen*.

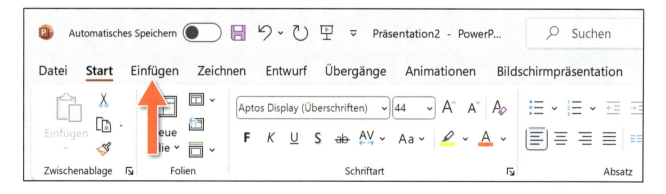

51. Klicken Sie auf die Schaltfläche *Screenshot*, um das Listenfeld dieser Schaltfläche zu öffnen.

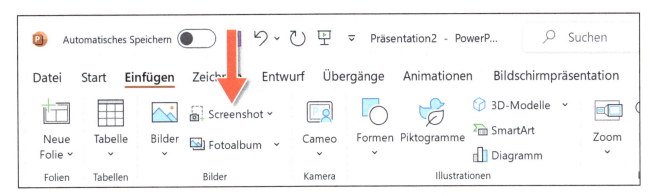

Hinweis: Der Begriff Screenshot bedeutet Bildschirmfoto (engl.: screen = Bildschirm, shot = Aufnahme).

52. Klicken Sie auf die Schaltfläche *Bildschirmausschnitt*, um einen Screenshot zu erstellen.

53. Betrachten Sie das Ergebnis.

Ergebnis: Das PowerPoint-Fenster wird minimiert. Das dahinterliegende Fenster (Edge mit der Karte von Neuseeland) wird wieder sichtbar. Der Bildschirm ist weiß eingefärbt. Alle Inhalte wirken dadurch etwas milchig.

Hinweis: Die weiße Einfärbung des Bildschirms symbolisiert, dass die Screenshot-Funktion aktiv ist. Das Programm PowerPoint wartet darauf, dass Sie einen Bildschirmausschnitt auswählen.

54. Setzen Sie die Maus auf der Karte so an, dass Sie ein Auswahlrechteck ziehen können, das Neuseeland komplett enthält.

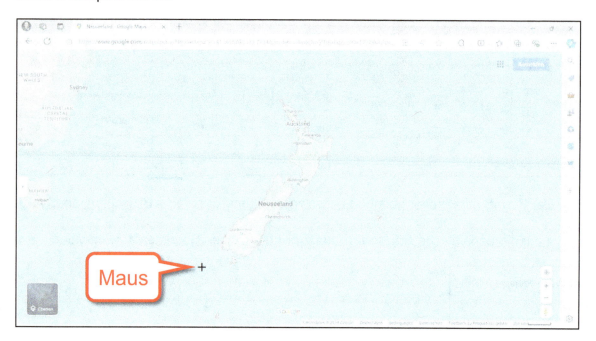

Hinweis: Bedenken Sie beim Ansetzen der Maus, dass dies der Startpunkt für Ihr Auswahlrechteck ist. Denken Sie sich von hier aus eine senkrechte und eine horizontale Linie. Diese beiden Linien dürfen die Landmasse von Neuseeland nicht berühren. Andernfalls würden Sie Teile von Neuseeland abschneiden.

55. Ziehen Sie die Maus diagonal über die beiden Hauptinseln Neuseelands, sodass das Land komplett innerhalb des farbigen Bereichs liegt.

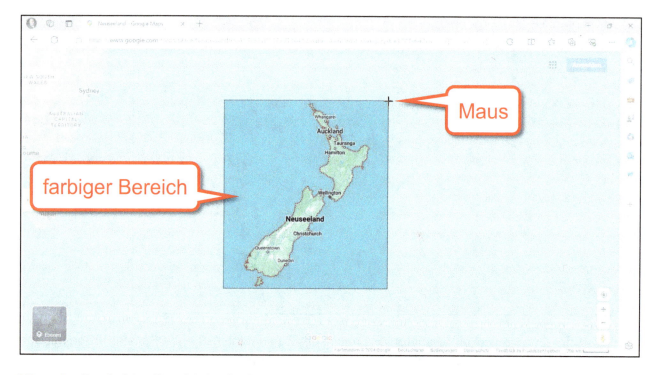

Hinweis: Der farbige Bereich ist der Bereich, der abfotografiert wird.

56. Lassen Sie die Maustaste los und betrachten Sie das Ergebnis.

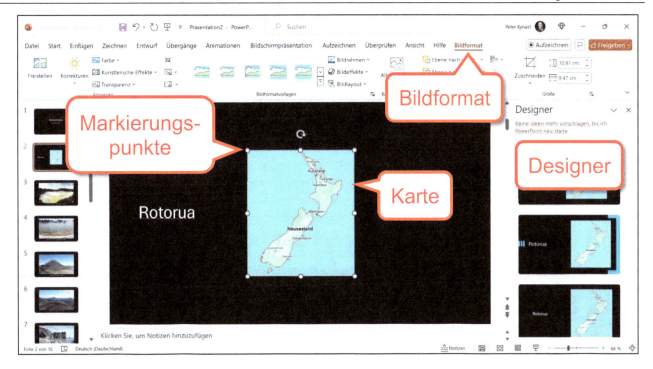

Ergebnis: PowerPoint tritt wieder in den Vordergrund. Die Karte wird als Bild auf der zweiten Folie eingefügt. Die Karte ist markiert. Sie erkennen die Markierung an den acht Markierungspunkten. Solange die Karte markiert ist, wird im Menüband das Register *Bildformat* eingeblendet. Es enthält die Werkzeuge zum Bearbeiten von Bildern.

57. Klicken Sie auf die Schaltfläche *Schließen* oder *Keine Ideen mehr vorschlagen, bis ich Power-Point neustarte.*, um den Designer auszuschalten.

5.3.9 Blaue Farbe entfernen

Das Meer soll auf der Karte nicht zu sehen sein. Nur die Landmasse soll übrig bleiben.

58. Kontrollieren Sie, ob die Karte noch markiert ist.

59. Klicken Sie im Register *Bildformat* auf die Schaltfläche *Farbe* .

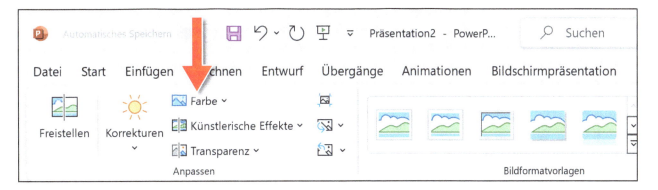

60. Klicken Sie in dem Listenfeld auf die Schaltfläche *Transparente Farbe bestimmen*.

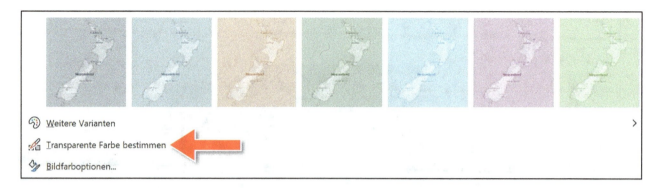

61. Setzen Sie die Maus auf eine blaue Meeresstelle auf der Karte.

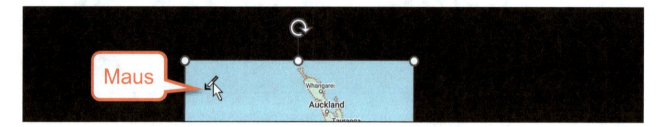

Ergebnis: Der Mauszeiger wird als weißer Pfeil mit einem zusätzlichen Werkzeug dargestellt.
Mit diesem Werkzeug können Sie in einem Bild <u>eine</u> Farbe durchsichtig machen.

62. Klicken Sie auf diese Stelle und betrachten Sie das Ergebnis.

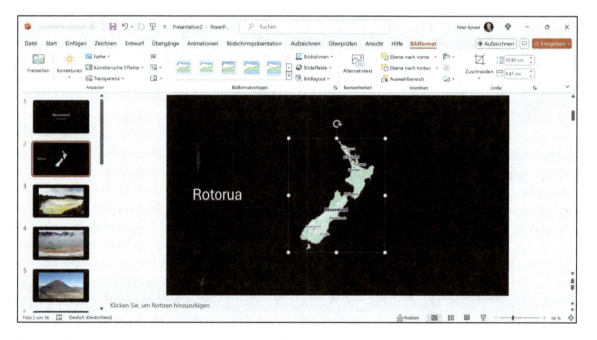

Ergebnis: Die blaue Farbe verschwindet. Es sind nur die Inseln zu sehen.
Hinweis: Bedenken Sie beim Einsatz dieses Werkzeuges, dass Sie nur <u>eine</u> Farbe transparent (durchsichtig) machen können.

5.3.10   Bild vergrößern

63. Zeigen Sie mit der Maus auf einen Eckpunkt des Bildes.

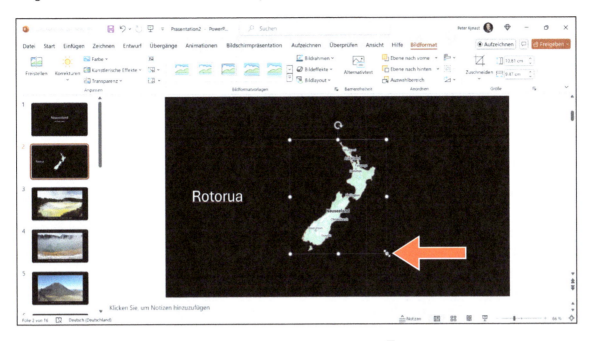

Ergebnis: Der Mauszeiger wird als diagonaler Doppelpfeil ⤡ dargestellt.

Hinweis: Verwenden Sie zum Verändern der Bildgröße immer einen Markierungspunkt an einer Ecke. Dadurch bleiben die Proportionen des Bildes erhalten. Wenn Sie an einem seitlichen Markierungspunkt ziehen, verzerren Sie das Bild. Diese Verzerrung könnten Sie aber mit der Schaltfläche

Rückgängig ↺ wieder zurücknehmen.

64. Ziehen Sie die Maus ein kleines Stück weg von der Bildmitte, um das Bild zu vergrößern.

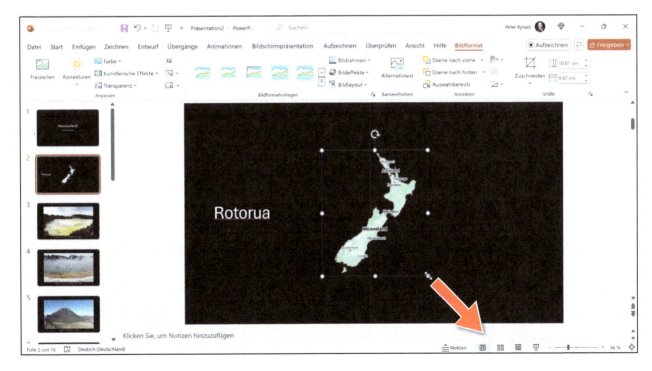

5.3.11 Bild verschieben

65. Klicken Sie mittig auf die Karte und ziehen Sie die Karte auf die angezeigte Position.

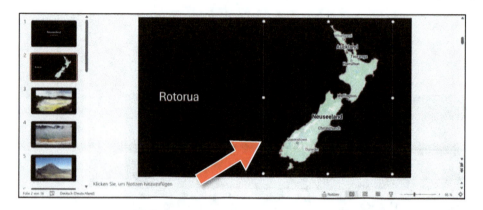

Ergebnis: Beim Ziehen wird eine rote gestrichelte Orientierungslinie angezeigt. Sie hilft Ihnen, die Karte mittig auszurichten.

5.3.12 Aktuellen Ort mit einem Pfeil kennzeichnen

66. Klicken Sie auf das Register *Einfügen*.

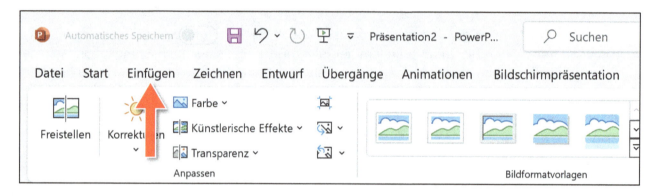

67. Klicken Sie auf die Schaltfläche *Formen*.

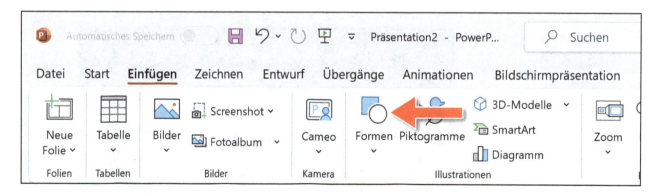

68. Klicken Sie in dem Listenfeld auf die Schaltfläche *Pfeil* ⬂ .

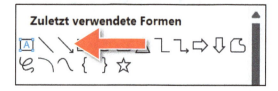

69. Klicken Sie auf die Folie und ziehen Sie bei gedrückter Maustaste einen Pfeil von oben nach unten. Betrachten Sie das Ergebnis.

Ergebnis: Ein Pfeil wird eingefügt. Das Register *Formformat* wird eingeblendet.
Hinweis: Pfeile zeigen immer in die Richtung, in die Sie die Maus ziehen. Wenn Sie von oben nach unten ziehen, zeigt der Pfeil nach unten. Durch die blaue Farbe des Pfeils hebt er sich aber noch nicht gut vom Untergrund ab. Das Register *Formformat* enthält alle Werkzeuge für das Zeichnen. Dieses Register ist aber nur sichtbar, wenn eine Form markiert ist. Der Begriff Form steht für ein gezeichnetes Objekt. Sobald Sie die Markierung des Pfeiles aufheben, wird dieses Register automatisch geschlossen. In älteren Versionen von PowerPoint hieß dieses Register *Format*.

70. Stellen Sie im Register *Formformat* für die Höhe des Pfeils **3 cm** und für die Breite **0 cm** ein.

Hinweis: Durch die Breite **0 cm** erhalten Sie eine exakt senkrechte Linie.

71. Klicken Sie auf die Schaltfläche *Formkontur* .

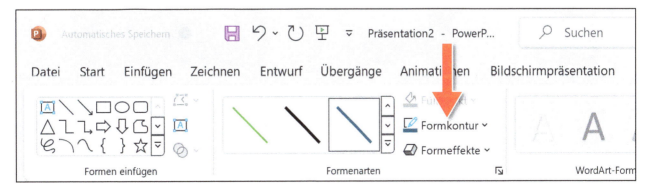

72. Klicken Sie auf die Farbe **Rot**, um dem Pfeil diese Farbe zu geben.

73. Klicken Sie erneut auf die Schaltfläche **Formkontur**.

74. Klicken Sie auf den Listenpunkt **Stärke → Weitere Linien**.

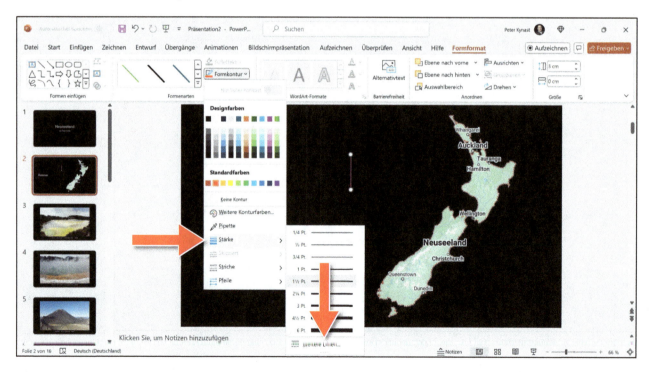

75. Betrachten Sie das Ergebnis.

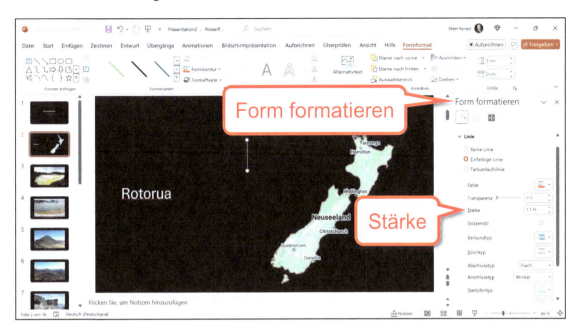

Ergebnis: Auf der rechten Seite wird das Fenster **Form formatieren** geöffnet. Es enthält weitere Einstellungsmöglichkeiten für Formen. Auch die Stärke kann hier verändert werden.

76. Klicken Sie im Fenster **Form formatieren** am Feld **Stärke** auf die kleinen Pfeile und stellen Sie den Wert **10 Pt.** ein.

Hinweis: Die Einheit **Pt.** steht für **Punkte**.

77. Klicken Sie im Fenster **Form formatieren** auf das Kreuz, um das Fenster wieder zu schließen.

78. Klicken Sie auf den Pfeil und ziehen Sie ihn auf die Position der folgenden Abbildung. Achten Sie beim Ziehen darauf, dass Sie <u>nicht</u> an einem Markierungspunkt ziehen.

5.3.13   Pfeil einfliegen lassen

Damit der Pfeil während der Präsentation gut zu sehen ist, soll er von oben einfliegen.

79. Klicken Sie auf das Register **Animationen**.

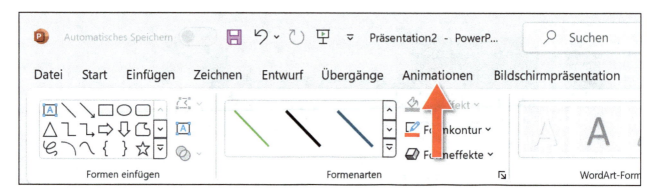

80. Klicken Sie auf die Schaltfläche **Einfliegen**, um dem Pfeil diesen Effekt zuzuweisen.

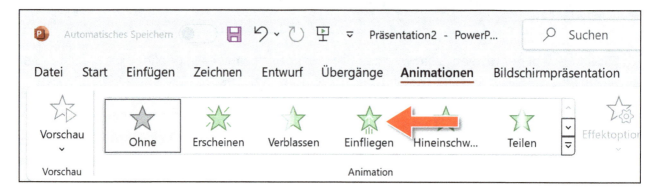

Ergebnis: Die Animation wird abgespielt. Der Pfeil fliegt von unten nach oben auf die Folie.

81. Klicken Sie auf die Schaltfläche **Effektoptionen**, um das Listenfeld der Schaltfläche zu öffnen.

82. Klicken Sie in der Liste auf **Von oben**, um die Flugrichtung des Pfeils zu ändern.

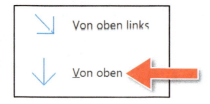

Ergebnis: Die Animation wird erneut abgespielt. Der Pfeil fliegt jetzt von oben nach unten.

5.3.14   Übergangseffekte einstellen

In der ersten Präsentation zum Thema Internet wurden die Folien beim Klicken ohne Effekt eingeblendet. Um die Präsentation mit den Urlaubsfotos lebendiger zu gestalten, werden die Folien nachfolgend mit einer Übergangsanimation versehen.

83. Klicken Sie auf das Register **Übergänge**.

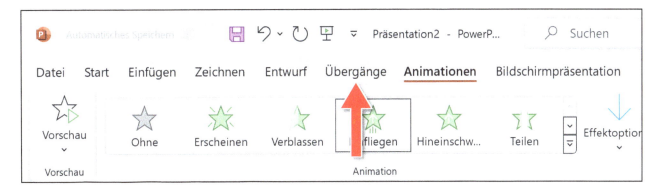

84. Klicken Sie auf den Folienübergang **Teilen**, um der Folie 2 diesen Übergang zuzuweisen.

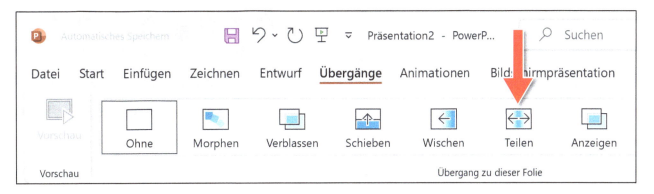

Ergebnis: Der Übergang wird einmal abgespielt. In der Folienübersicht wird unter der Foliennummerierung ein kleiner Stern angezeigt.

85. Betrachten Sie den Stern unter der Foliennummer 2 in der Folienübersicht.

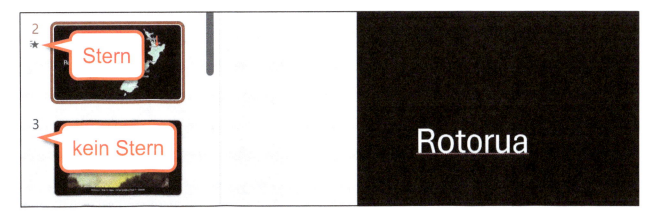

Hinweis: Der Stern besagt, dass diese Folie eine Animation enthält. Es kann sich dabei um einen Folienübergang oder eine Animation für Texte, Bilder oder andere Elemente handeln.

86. Klicken Sie auf **Auf alle anwenden**, um allen Folien diesen Übergang zuzuweisen.

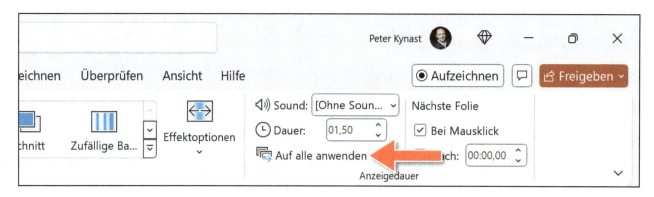

87. Betrachten Sie erneut die Miniaturen der Folien.

Ergebnis: Jede Folie zeigt einen Stern unter der Foliennummer an. Daran erkennen Sie, dass allen Folien der Übergangseffekt zugewiesen wurde.

5.3.15 Folien kopieren

Die Folie mit der Übersichtskarte soll mehrfach eingesetzt werden und wird daher kopiert.

88. Klicken Sie mit der <u>rechten</u> Maustaste auf die Miniatur der Folie 2, um das Kontextmenü zu dieser Folie zu öffnen.

Hinweis: Mit der rechten Maustaste wird das sogenannte Kontextmenü geöffnet. Es zeigt eine Reihe von Befehlen an. Diese Befehle beziehen sich immer auf das jeweils angeklickte Objekt.

89. Klicken Sie im Kontextmenü auf **Folie duplizieren**, um diese Folie zu duplizieren.

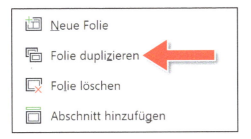

90. Betrachten Sie das Ergebnis. Eine Kopie von Folie 2 wird unter dem Original eingefügt.

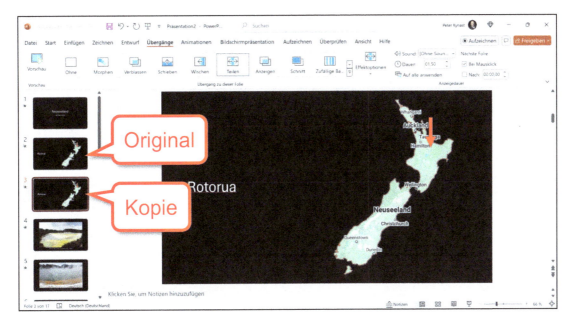

5.3.16 Verschieben der Folie

91. Klicken Sie auf die duplizierte Folie und ziehen Sie sie zwischen die Folien 5 und 6.

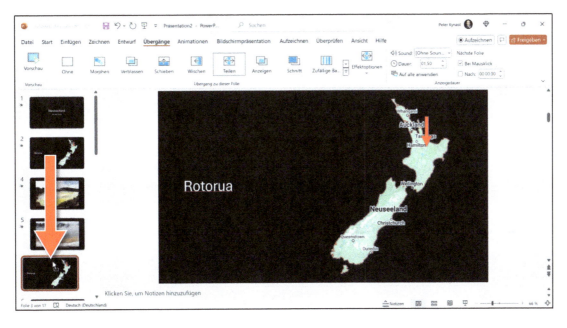

Ergebnis: Beim Ziehen verschieben sich die Folien automatisch und bilden eine Lücke.

92. Betrachten Sie das Ergebnis. Die duplizierte Folie steht auf Position 5 und ist mit einem roten Rahmen markiert.

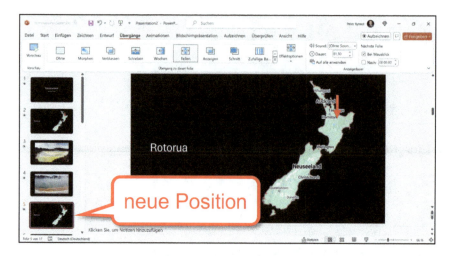

5.3.17 Folie 5 anpassen

93. Klicken Sie auf das Wort *Rotorua*. Löschen Sie den Begriff und tragen Sie dafür das Wort *Tongariro* ein.

Hinweis: Tongariro ist der Name eines Vulkan-Massivs auf der Nordinsel von Neuseeland.

94. Klicken Sie auf den roten Pfeil und ziehen Sie ihn auf die angezeigte Position. Tongariro befindet sich etwas südlich von Rotorua.

5.3.18 Weitere Folien kopieren und anpassen

Die Karte soll an mehreren Stellen eingefügt und angepasst werden. Da die *Foliensortierung* eine bessere Übersichtlichkeit bietet, wird dieser Vorgang in dieser Ansicht durchgeführt.

95. Klicken Sie in der Statusleiste auf das Symbol *Foliensortierung* .

96. Klicken Sie mit der rechten Maustaste auf die Übersichtskarte mit dem Titel *Tongariro*, um das Kontextmenü dieser Folie aufzurufen.

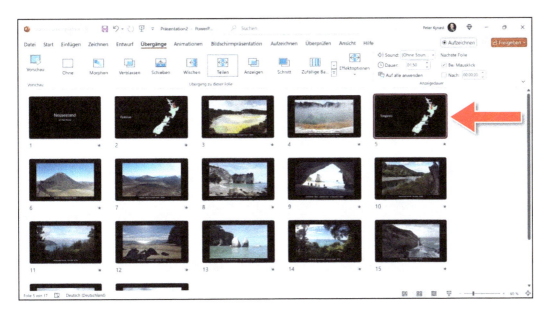

97. Klicken Sie auf den Listenpunkt **Folie duplizieren**, um die Folie zu duplizieren.

Ergebnis: Eine Kopie der Folie wird direkt hinter der Folie eingefügt.

Oder: Sie können diesen Vorgang auch mit den Befehlen Kopieren und Einfügen durchführen.

98. Ziehen Sie die duplizierte Folie zwischen die Folien 8 und 9.

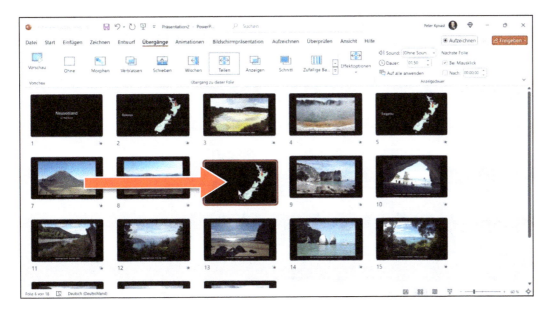

Ergebnis: Beim Ziehen verschieben sich die Folien automatisch und bilden eine Lücke.

5.3.19   Weitere Folie einfügen

99. Klicken Sie mit der rechten Maustaste auf die duplizierte Folie 8.

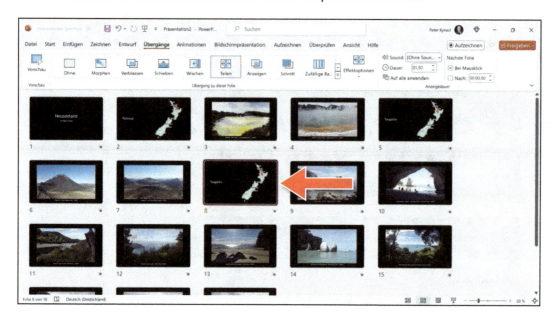

100.   Klicken Sie erneut auf den Listenpunkt **Folie duplizieren**, um die Folie erneut zu duplizieren.

    Ergebnis: Eine Kopie der Folie wird direkt hinter der kopierten Folie eingefügt.

101.   Ziehen Sie die duplizierte Folie zwischen die Folien 11 und 12.

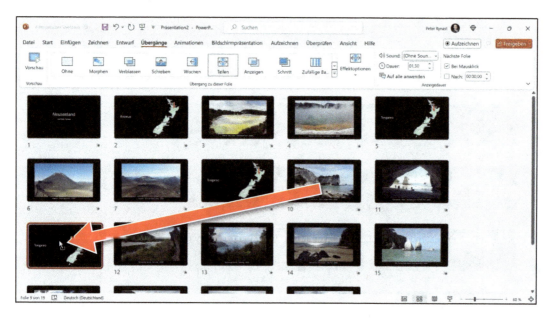

102.   Drehen Sie das Mausrad nach hinten, um die letzten Folien der Präsentation zu sehen.

103.   Fügen Sie auf die gleiche Weise je eine Übersichtskarte nach Folie 13 und nach Folie 17 ein. Betrachten Sie das Ergebnis.

Hinweis: Sollten Sie eine Folie an einer falschen Position eingefügt haben, können Sie diese Folie jederzeit mit der Maustaste anklicken und verschieben. Bei den angegebenen Nummern der Folien handelt es sich um die Nummern <u>nach</u> dem Einfügen der Übersichtskarten.

5.3.20   Folien umarbeiten

104.   Drehen Sie das Mausrad nach vorne, um die ersten Folien der Präsentation zu sehen.
105.   Klicken Sie <u>doppelt</u> auf die Folie 8, um sie in der Normalansicht aufzurufen.

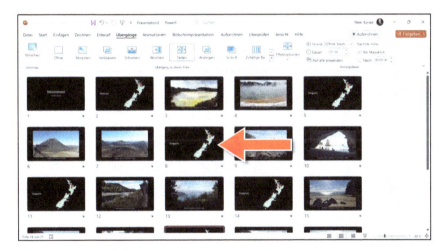

Hinweis: Durch einen Doppelklick in der Ansicht *Foliensortierung* wird eine Folie wieder in der Ansicht *Normal* angezeigt.

106.   Geben Sie als Titel für die Folie das Wort *Coromandel* ein.

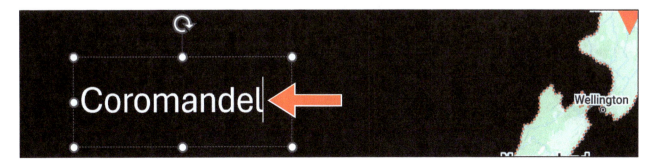

Achtung: Der Platzhalter ist vielleicht zu schmal für dieses Wort. Wenn dies bei Ihnen der Fall sein sollte, setzen Sie die Maus auf den rechten Anfasser des Platzhalters. Ziehen Sie anschließend die Maus bei gedrückter Maustaste nach rechts, um den Platzhalter zu vergrößern.

Hinweis: Coromandel ist eine Halbinsel auf der Nordinsel Neuseelands.

107.   Klicken Sie auf den Pfeil und ziehen Sie ihn auf die angezeigte Position.

108.   Drehen Sie das Mausrad nach hinten, bis Sie die nächste Folie mit der Übersichtskarte erreichen. Es handelt sich dabei um die Folie 11.

109.   Löschen Sie wieder den Begriff *Tongariro* und geben Sie dafür *Marlborough Sounds* ein.

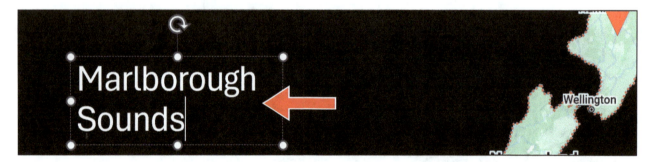

Hinweis: Die Marlborough Sounds sind eine Fjordlandschaft im Norden der Südinsel.

110.   Ziehen Sie den Pfeil auf die angezeigte Position auf der Südinsel.

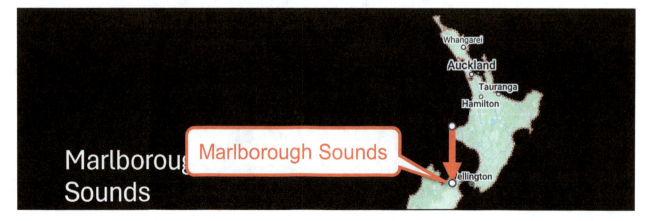

111.   Drehen Sie das Mausrad wieder nach hinten, bis Sie die nächste Übersichtskarte sehen.

112.   Löschen Sie wieder den Begriff *Tongariro* und geben Sie *Nationalpark Abel Tasman* ein. Verbreitern Sie den Platzhalter falls notwendig.

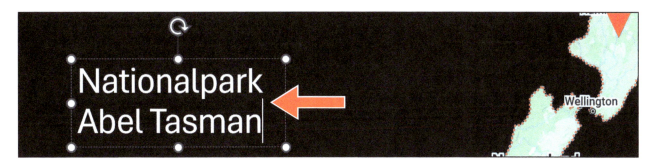

Hinweis: Der Abel Tasman Nationalpark ist ein Gebiet im Norden der Südinsel mit zahlreichen Buchten und Sandstränden.

113.   Ziehen Sie den Pfeil auf die angezeigte Position auf der Südinsel.

114.   Geben Sie auf der letzten Übersichtskarte den Begriff *Farewell Spit* ein und setzen Sie den Pfeil auf die nördlichste Spitze der Südinsel.

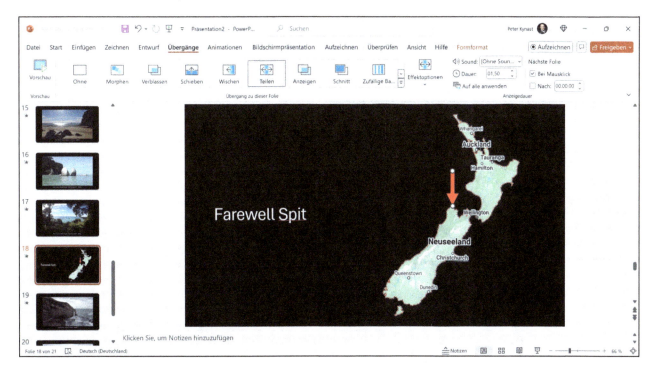

5.3.21   Präsentation abspielen

115.   Klicken Sie im Register **Bildschirmpräsentation** auf die Schaltfläche **Von Beginn an**, um die Präsentation zu starten.

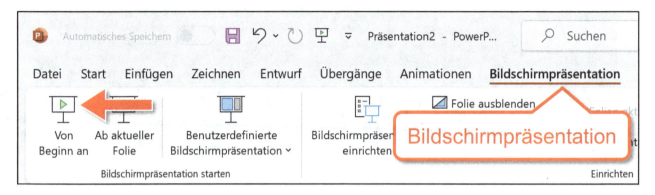

Oder: Drücken Sie die Taste F5 , um die Präsentation zu starten.

Hinweis: Die laufende Präsentation können Sie jederzeit mit der Taste **Escape** Esc beenden.

116.   Betrachten Sie das Ergebnis.

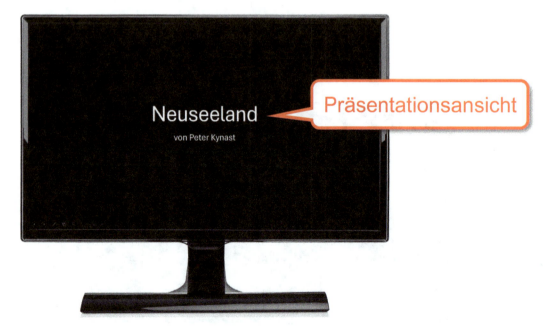

Ergebnis: Die Präsentation wird in der Präsentationsansicht angezeigt. Das Menüband und alle Werkzeuge werden ausgeblendet.

117.   Klicken Sie mittig auf die Folie, um die nächste Folie aufzurufen.

118.   Klicken Sie der Reihe nach auf alle Folien, um die ganze Präsentation abzuspielen.
        Hinweis: Nachdem alle Folien betrachtet worden sind, erscheint die schwarze Schlussfolie.

119.   Klicken Sie auf die schwarze Schlussfolie, um die Präsentation zu beenden.

120.   Betrachten Sie das Ergebnis.

Ergebnis: Die Normalansicht mit Menüband und den Werkzeugen wird wieder angezeigt.

5.3.22   Speichern der Präsentation

121.   Klicken Sie auf die Schaltfläche *Speichern* 🔲, um den Speichervorgang zu starten.

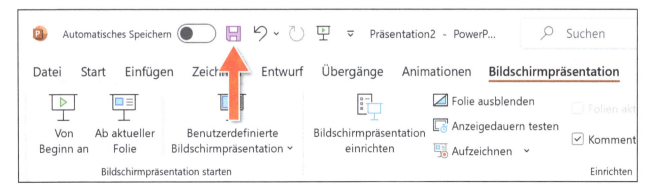

122.   Betrachten Sie das Ergebnis.

Ergebnis: Das Dialogfenster ***Diese Datei speichern*** wird eingeblendet. Der Titel der Präsentation ***Neuseeland*** wird als Dateiname vorgeschlagen. Der Speicherort ***Dokumente*** wird als Ziel vorgeschlagen. Er befindet sich auf Ihrem ***OneDrive***. Sie können beide Angaben auf Wunsch ändern.
Hinweis: Der OneDrive ist Ihr persönlicher Speicher im Internet. Diesen Speicher sollten Sie verwenden, wenn Sie auf die Präsentation von verschiedenen Standorten oder Computern zugreifen möchten. Wenn Sie diese Präsentation nur an einem Computer verwenden, können Sie die Datei auch im lokalen Ordner ***Dokumente*** speichern. Wenn Sie diese Schulungsunterlage in einem EDV-Kurs durcharbeiten, sollten Sie eventuell ein anderes Speicherziel verwenden. Fragen Sie Ihren dortigen Ansprechpartner.

123.   Ändern Sie auf Wunsch den Dateinamen und den Speicherort.

124.   Klicken Sie auf die Schaltfläche ***Speichern***, um die Präsentation zu speichern.

5.3.23   Präsentation zusätzlich als Video speichern

Eine Präsentation kann zusätzlich als Video gespeichert werden. Dieses Video können Sie anschließend per E-Mail versenden oder auf einem Handy oder Fernseher betrachten. Der Vorteil eines Videos besteht darin, dass es auf fast allen Geräten abgespielt werden kann. PowerPoint muss dafür nicht auf dem Zielgerät installiert sein. Achtung: Aber nur die PowerPoint-Datei kann bearbeitet werden! Das Video ist <u>kein</u> Ersatz für das Speichern der PowerPoint-Datei.

125.   Klicken Sie auf das Register ***Datei***, um den Backstage-Bereich zu öffnen.

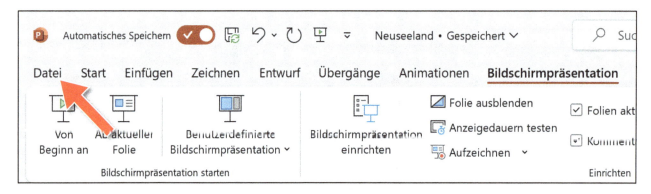

Ergebnis: Der sogenannte ***Backstage-Bereich*** (engl.: backstage = hinter der Bühne) wird geöffnet. Er überdeckt die ganze Präsentation.

126. Klicken Sie auf die Schaltfläche *Exportieren*, um diese Kategorie aufzurufen.

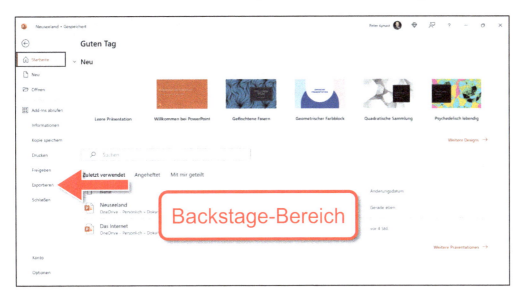

127. Klicken Sie auf die Schaltfläche *Video erstellen*.

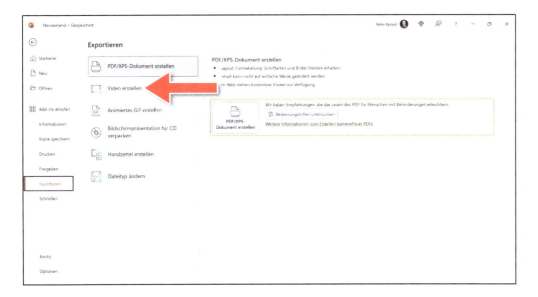

Computerlexikon

Möchten Sie Begriffe zum Thema Computer nachschlagen? Auf unserer Homepage haben wir für Sie ein kleines Lexikon angefertigt.

Wissenssprung-Homepage → Hilfe → Computerlexikon

Scannen Sie den QR-Code, um direkt zum Computerlexikon zu gelangen.

128.   Betrachten Sie den rechten Fensterbereich. Er enthält Informationen und Einstellungen für das Erstellen von Videos.

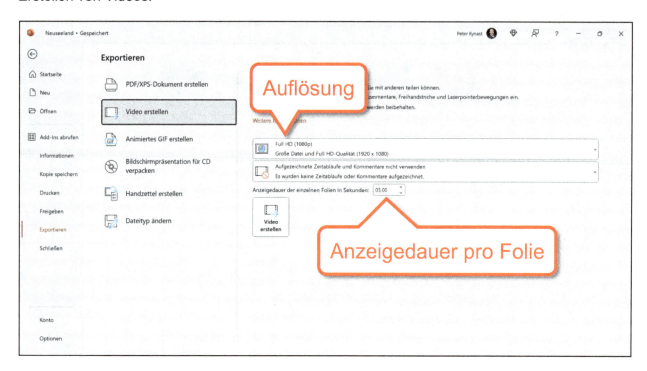

Hinweis: Wenn Sie die Grundeinstellungen unverändert lassen, erstellt PowerPoint ein Video mit einer Auflösung von 1080p. Das Bild besteht bei einem solchen Video aus 1080 Zeilen. Je höher dieser Wert ist, desto besser ist die Bildqualität. Die Auflösung 1080p steht für eine hohe Bildqualität. Bei dieser Einstellung benötigt das Video aber relativ viel Speicherplatz (ca. 30 - 35 MB). Für den Versand per E-Mail wäre diese Datei zu groß. Daher wird anschließend die Auflösung reduziert.

129.   Klicken Sie auf die Schaltfläche *Full HD (1080p)*.

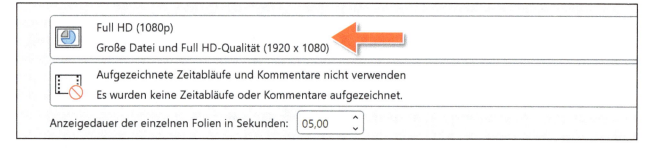

130.   Klicken Sie auf den Listenpunkt *Standard (480p)*, um diese Auflösung auszuwählen.

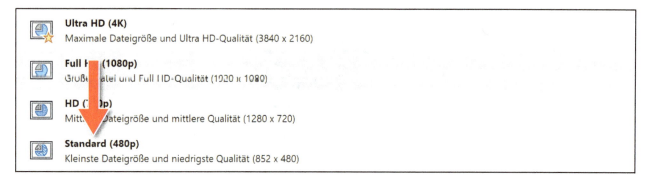

131. Klicken Sie auf die Schaltfläche **Video erstellen**, um das Video zu speichern.

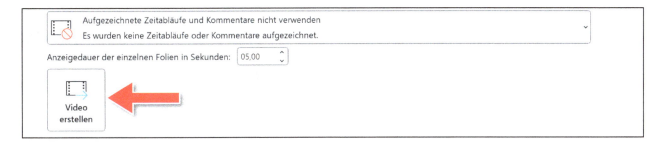

Ergebnis: Das Dialogfenster **Video exportieren** wird geöffnet.

132. Kontrollieren Sie die Einstellungen im Dialogfenster **Video exportieren**.

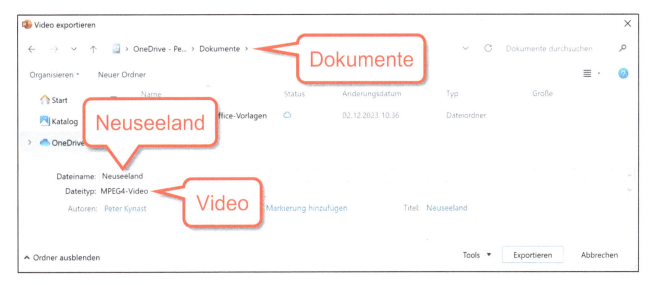

Ergebnis: Der Ordner **Dokumente** wird als Speicherziel vorgeschlagen. Als Dateiname ist der Begriff **Neuseeland** voreingestellt.

Hinweis: Der Ordner **Dokumente** ist für das Arbeiten am heimischen Computer gedacht. Wenn Sie diese Schulungsunterlage in einem EDV-Kurs durcharbeiten, sollten Sie eventuell ein anderes Speicherziel verwenden. Fragen Sie Ihren dortigen Ansprechpartner. An dem Dateityp **MPEG4-Video** erkennen Sie, dass die Präsentation als Video gespeichert wird. Dieser Videotyp lässt sich auf allen Computern und Handys problemlos öffnen.

133. Klicken Sie auf die Schaltfläche **Exportieren**, um das Video zu speichern.

134. Betrachten Sie das Ergebnis.

Ergebnis: Das Video wird erstellt. In der Statusleiste wird ein Fortschrittsbalken angezeigt.

Hinweis: Durch die vielen Fotos enthält die Präsentation eine große Datenmenge. Wenn die Präsentation als Video gespeichert wird, müssen diese Daten umgewandelt werden. Dieser Vorgang dauert deutlich länger als das einfache Speichern als Präsentation. Er kann einige Minuten in Anspruch nehmen. Der Fortschrittsbalken zeigt Ihnen an, wie weit der Prozess abgeschlossen ist.

135.   Warten Sie bis der Fortschrittsbalken verschwunden ist, um das Speichern nicht zu unterbrechen.

136.   Klicken Sie auf die Schaltfläche **Schließen** ⊠, um PowerPoint zu beenden.

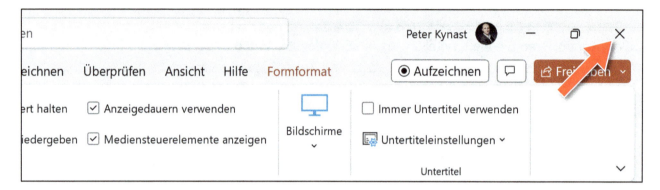

5.3.24   Video abspielen

137.   Klicken Sie in der Taskleiste auf den **Explorer**, um das Programm zu starten.

Oder: Drücken Sie die Tastenkombination **Windows** ⊞ + E.

138.   Klicken Sie im Explorer auf den Ordner **Dokumente**, um ihn zu öffnen.

Hinweis: Haben Sie das Video an einem anderen Ort gespeichert? Dann öffnen Sie jetzt diesen Speicherort.

139.   Betrachten Sie die Darstellung.

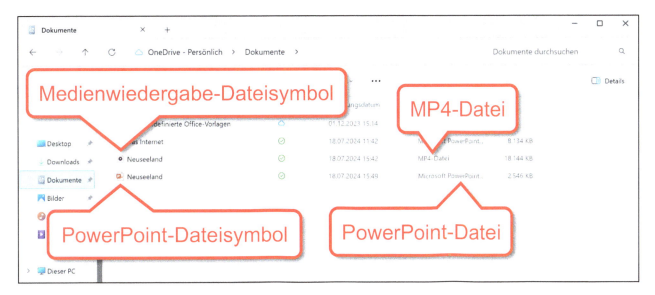

Hinweis: Das Symbol einer Datei besagt, mit welchem Programm diese Datei bei einem Doppel-klick geöffnet wird. Ein PowerPoint-Symbol bedeutet also, diese Datei wird bei Doppelklick mit PowerPoint geöffnet. Dateien, die mit dem Symbol des Programms *Medienwiedergabe* gekenn-zeichnet sind, werden bei Doppelklick mit diesem Programm geöffnet. Die Bezeichnungen MPEG4 und MP4 haben die gleiche Bedeutung. MP4 ist eine Abkürzung für MPEG4. Bei MP4-Dateien han-delt es sich um Videodateien.

140.   Klicken Sie doppelt auf die Videodatei *Neuseeland*, um sie zu öffnen.

141.   Betrachten Sie das Video. Es wird im Programm *Medienwiedergabe* abgespielt.

Hinweis: Medienwiedergabe ist das Abspielprogramm für Videos und Musik unter Windows 11. Mit einem Doppelklick mitten auf das Videobild können Sie das Video in der Vollbildansicht abspielen lassen. Durch einen Doppelklick können Sie die Vollbildansicht auch wieder verlassen.

5.3.25 Abschluss

142.   Klicken Sie nach dem Betrachten des Videos beim Programmen **Medienwiedergabe**, **Edge** und dem **Explorer** auf die Schaltfläche **Schließen**, um die Programme zu schließen.

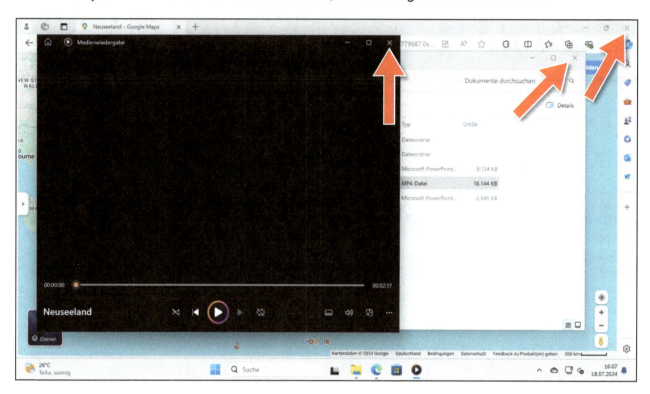

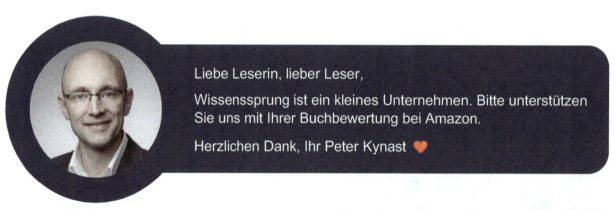

Liebe Leserin, lieber Leser,

Wissenssprung ist ein kleines Unternehmen. Bitte unterstützen Sie uns mit Ihrer Buchbewertung bei Amazon.

Herzlichen Dank, Ihr Peter Kynast ❤️

Ihre Bewertung können Sie mit einem Klick in Ihren Amazon-Bestellungen abgeben. Auch wenn Sie das Buch nicht selbst gekauft haben, können Sie eine Bewertung machen. Suchen Sie auf Amazon nach „Peter Kynast" und klicken Sie auf der Produktseite auf „Kundenrezension verfassen" oder scannen Sie diesen QR-Code. Mit ihm gelangen Sie direkt zur Bewertung.

6   Anleitung: Produktionsablauf

Als Mitarbeiter einer Müllerei wollen Sie den Produktionsablauf der Getreideverarbeitung grafisch veranschaulichen. Die Präsentation besteht lediglich aus einer Folie. Das Ergebnis sehen Sie auf der rechten Seite.

6.1   Neue Inhalte

- Folienlayout nachträglich ändern
- Formen einfügen und beschriften
- Ausrichten und Verteilen von Formen
- magnetische Verbindungspfeile
- Textfelder einfügen
- automatische Anzeigezeiten festlegen
- Präsentation endlos abspielen

6.2   Wiederholungen

- Animationen einfügen
- Normal- und Präsentationsansicht

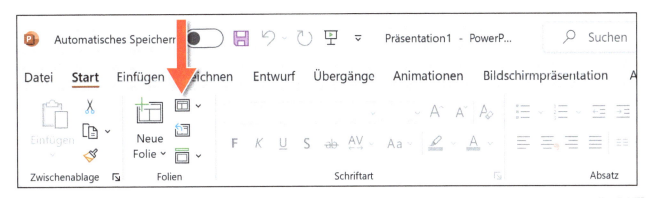

Ergebnis: Produktionsablauf

6.3   Anleitung

6.3.1   Programmstart

Sie beginnen diese Übung mit einer leeren Präsentation.

1. Klicken Sie auf die Schaltfläche **Start** → **PowerPoint**, um PowerPoint zu starten.
2. Klicken Sie im Startfenster auf die Schaltfläche **Leere Präsentation**, um eine leere Präsentation zu erzeugen.

6.3.2   Folienlayout ändern

Texte und Bilder werden bei PowerPoint meistens in die sogenannten Platzhalter eingegeben. Position, Größe und die Anzahl der Platzhalter werden durch das Folienlayout vorgegeben. Dieses Layout ist aber nicht festgelegt. Es kann zu jedem Zeitpunkt verändert oder angepasst werden.

3. Klicken Sie auf die Schaltfläche **Folienlayout** .

4. Klicken Sie auf das Layout **Nur Titel**, um es der Folie zuzuweisen.

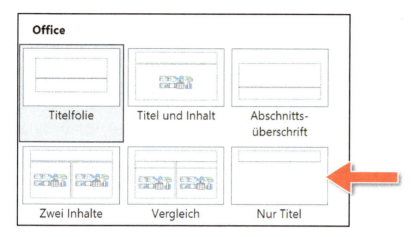

5. Klicken Sie im Bereich **Designer** auf die Schaltfläche **Schließen** ×.

6. Betrachten Sie das Ergebnis. Die Folie enthält lediglich einen Platzhalter für den Titel.

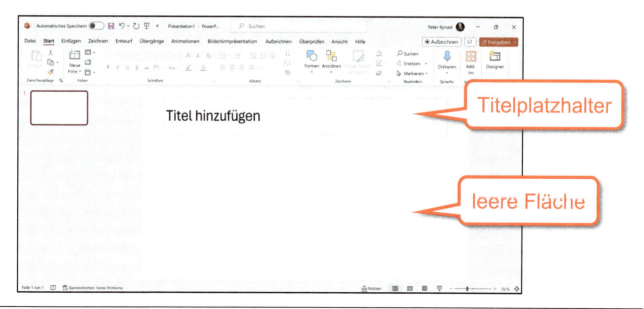

7. Klicken Sie auf den Titelplatzhalter und geben Sie das Wort **Produktionsablauf** ein.

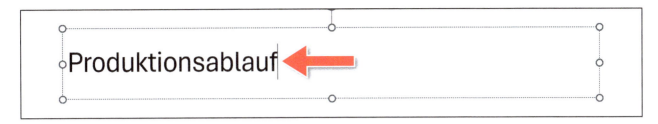

6.3.3   Formen einfügen und formatieren

Im nächsten Schritt wird ein Rechteck eingefügt und mehrmals kopiert. Die wichtigsten Einstellungen werden vor dem Kopieren durchgeführt, damit die kopierten Rechtecke diese Einstellungen automatisch übernehmen. Rechtecke, Kreise, Dreiecke, Pfeile und Sprechblasen werden von Microsoft auch als **Formen** bezeichnet.

8. Klicken Sie im Register **Start** auf die Schaltfläche **Formen**, um dieses Listenfeld zu öffnen.

9. Klicken Sie in dem Listenfeld auf das **Rechteck** ▢, um diese Form auszuwählen.

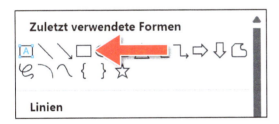

Achtung: Auf größeren Bildschirmen wird die Schaltfläche **Formen** <u>nicht</u> angezeigt. Sie können die Schaltfläche **Rechteck** direkt anklicken. Das Listenfeld muss <u>nicht</u> geöffnet werden. Betrachten Sie das nachfolgende Bild.

10. Klicken Sie auf die freie Fläche auf der Folie, um das Rechteck dort einzufügen.

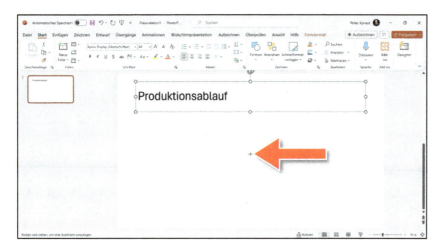

11. Betrachten Sie das Ergebnis.

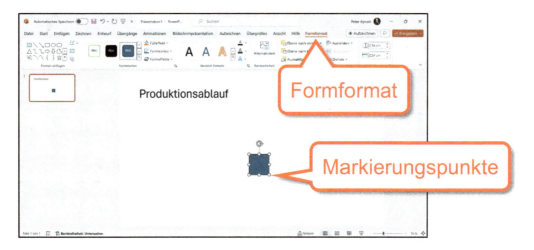

Ergebnis: Das Rechteck wird eingefügt. Es ist markiert. Sie erkennen die Markierung an den acht Markierungspunkten. Solange das Rechteck markiert ist, wird außerdem das Register **Formformat** aktiviert. Es enthält alle Werkzeuge und Einstellungen für Formen.

12. Stellen Sie für die Höhe des Rechteckes **1,1 cm** und für die Breite **9 cm** ein.

Hinweis: Wenn Sie die Werte über die Tastatur eintippen, müssen Sie die Einheit **cm** nicht miteingeben. Dafür müssen Sie die Eingabe aber mit der Taste **Enter** ↵ bestätigen.
Achtung: Damit das Register **Formformat** eingeblendet ist, <u>muss</u> das Rechteck markiert sein. Sie können das Rechteck jederzeit durch Anklicken markieren.

13. Klicken Sie auf den rechten Teil der Schaltfläche **Fülleffekt** ⬚ Fülleffekt ˅ .

Achtung: Diese Schaltfläche besteht aus zwei Teilen. Wenn Sie links auf das Symbol des Eimers klicken, wird die voreingestellte Farbe Orange sofort zugewiesen. Wenn Sie rechts auf das Wort der Schaltfläche klicken, wird die Farbauswahl eingeblendet.

14. Klicken Sie auf die Farbe **Weiß**, um diese Farbe als Füllung einzustellen.

Hinweis: Viele Formen bestehen aus einer Kontur und einer Füllung. Die Kontur ist die äußere Linie der Form. Als Füllung wird der innere Teil der Form bezeichnet. Für die Kontur und die Füllung können unterschiedliche Farben und Eigenschaften eingestellt werden.

15. Klicken Sie auf den rechten Teil der Schaltfläche **Formkontur**.

16. Klicken Sie in dem Listenfeld auf **Stärke** und anschließend auf **2¼ Pt**, um diese Stärke für den Rand des Rechteckes einzustellen.

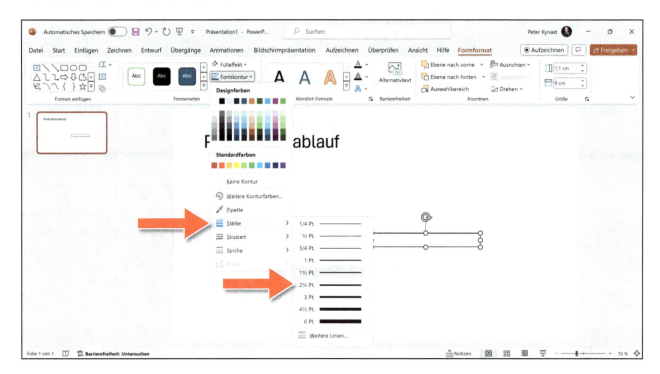

17. Klicken Sie auf das Register **Start**.

18. Klicken Sie auf den kleinen Pfeil ⌄ an der Schaltfläche für die Schriftfarbe, um die Farbpalette dieser Schaltfläche zu öffnen.

19. Klicken Sie auf die Schriftfarbe **Schwarz**, um sie für die Schrift in dem Rechteck einzustellen.

Hinweis: Da aber noch kein Text in dem Rechteck enthalten ist, sehen Sie in diesem Augenblick keine Veränderung.

6.3.4   *Rechtecke kopieren*

20. Klicken Sie auf das Symbol der Schaltfläche **Kopieren** , um das Rechteck zu kopieren.

Achtung: Auf größeren Monitoren erscheint die Schaltfläche **Kopieren** vielleicht größer und wird mit ihrer Beschriftung   dargestellt.

Oder: Drücken Sie die Tastenkombination **Steuerung** Strg + C .

21. Klicken Sie viermal auf das Symbol der Schaltfläche **Einfügen**, um das Rechteck viermal einzufügen.

Oder: Drücken Sie die Tastenkombination **Steuerung** Strg + V .

22. Betrachten Sie das Ergebnis. Die fünf Rechtecke überlappen einander.

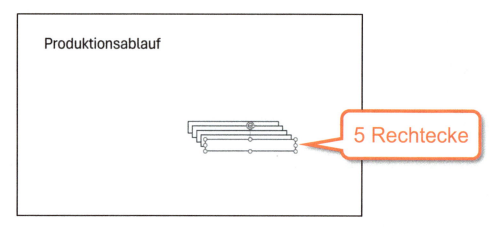

Hinweis: Sie haben die Formate (Größe, Füllfarbe und Schriftfarbe) <u>vor</u> dem Kopieren eingestellt. Daher haben alle fünf Rechtecke die gleichen Formate.

6.3.5   Rechtecke anordnen

23. Klicken Sie auf das vorderste Rechteck und ziehen Sie es auf die angezeigte Position.

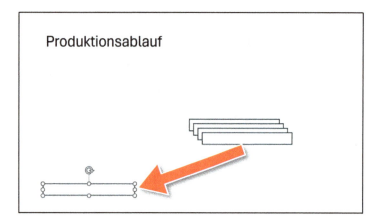

Hinweis: Beim Ziehen der Rechtecke werden Ihnen gestrichelte Hilfslinien eingeblendet. Sie helfen Ihnen, die Formen zu positionieren.

24. Klicken Sie wieder auf das vorderste Rechteck und ziehen Sie es auf die angezeigte Position.

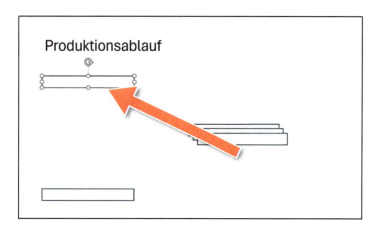

Hinweis: Diese beiden Rechtecke bilden das oberste und das unterste Rechteck. Die anderen Rechtecke werden dazwischen verteilt.

25. Setzen Sie die Maus auf die angezeigte Position. Achten Sie darauf, dass die Maus etwas unterhalb der untersten Form und sehr weit links steht.

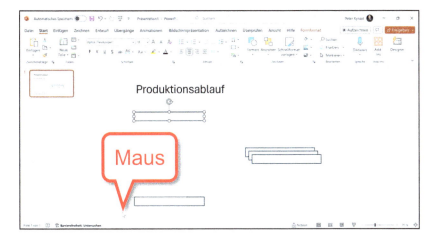

Hinweis: Im nächsten Schritt ziehen Sie einen Markierungsrahmen. Die Maus muss an dieser Stelle positioniert werden, da nur vollständig eingeschlossene Rechtecke markiert werden.

26. Ziehen Sie mit der Maus einen Markierungsrahmen, der alle Rechtecke vollständig überdeckt.

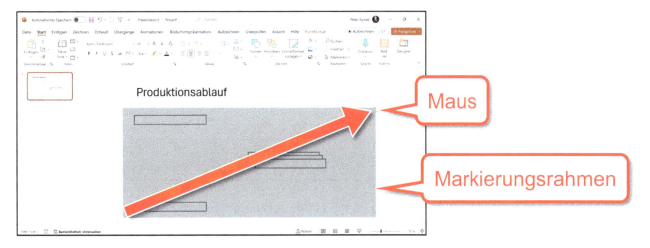

27. Betrachten Sie das Ergebnis. Alle Rechtecke sind markiert. Sie erkennen die Markierung jeweils an den acht Markierungspunkten pro Rechteck.

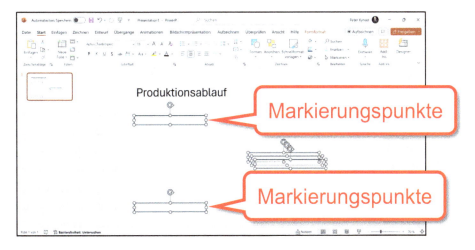

Hinweis: Wegen der Übersichtlichkeit sind nur wenige Markierungspunkte beschriftet.

28. Klicken Sie im Register **Start** auf die Schaltfläche **Anordnen**.

29. Klicken Sie auf den Listenpunkt **Ausrichten** und danach auf **Linksbündig**.

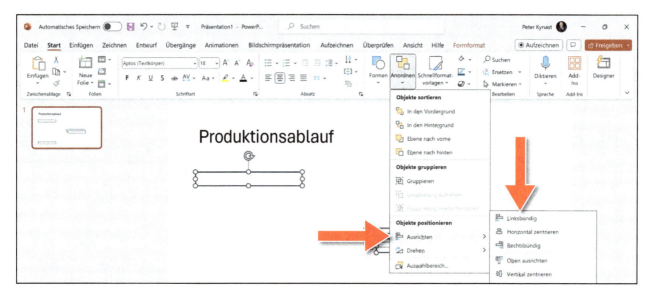

Hinweis: Der Menüpunkt **Linksbündig** ist ein Untermenü von **Ausrichten**.

30. Betrachten Sie das Ergebnis. Alle Rechtecke werden linksbündig ausgerichtet.

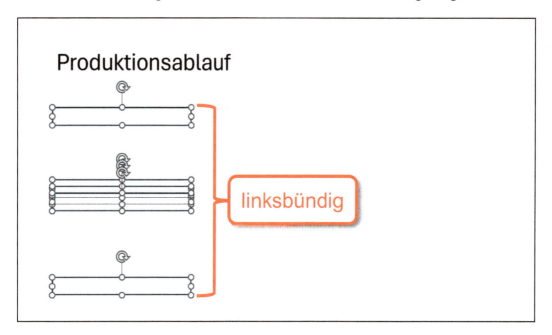

31. Klicken Sie erneut auf die Schaltfläche **Anordnen**.

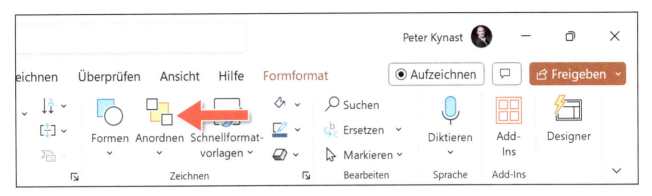

32. Klicken Sie auf den Listenpunkt **Ausrichten** und danach auf **Vertikal verteilen**, um die Rechtecke gleichmäßig zu verteilen.

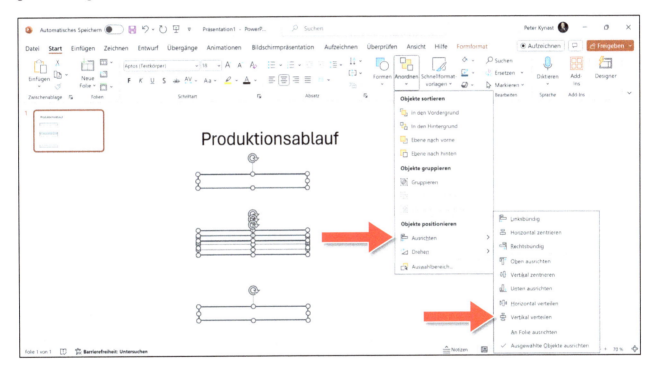

Hinweis: Damit dieser Vorgang funktioniert, müssen die Rechtecke noch markiert sein.

33. Betrachten Sie das Ergebnis. Die Rechtecke werden mit gleichen Abständen angeordnet.

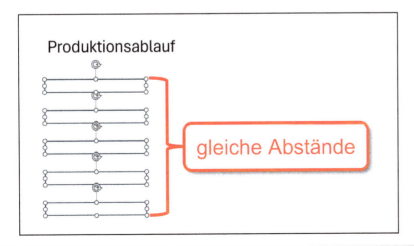

34. Klicken Sie auf eine freie Stelle auf der Folie, um die Markierung aufzuheben.

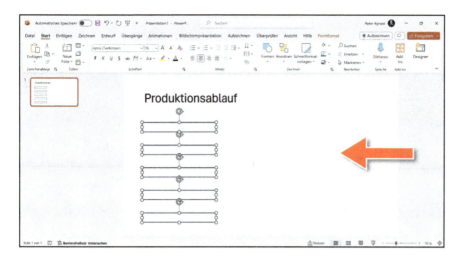

35. Ziehen Sie das dritte Rechteck auf die angezeigte Position. Achten Sie auf die gestrichelten Linien.

Hinweis: Die gestrichelten Linien sind Hilfslinien. Sie zeigen Ihnen an, dass die Rechtecke auf der gleichen Höhe sind.

6.3.6   Raute einfügen

36. Klicken Sie auf die Schaltfläche **Formen**, um dieses Listenfeld zu öffnen.

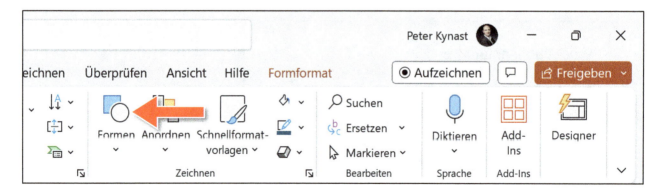

Achtung: Auf größeren Bildschirmen wird das Feld **Formen** wie in der folgenden Abbildung dargestellt. Klicken Sie in diesem Fall auf den kleinen Pfeil ⌄, um das Feld zu öffnen.

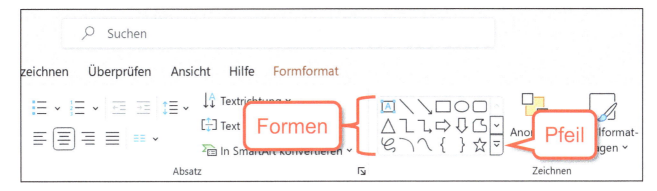

37. Klicken Sie auf die Schaltfläche **Raute** ◇ .

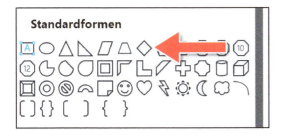

38. Klicken Sie auf eine freie Stelle auf der Folie, um die Raute dort einzufügen.

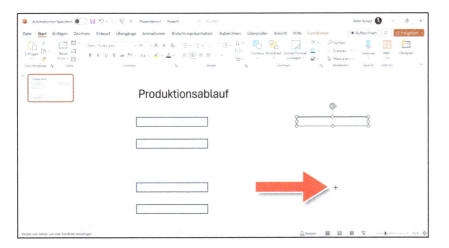

39. Betrachten Sie das Ergebnis. Eine Raute wird auf der Folie eingefügt.

40. Ziehen Sie die Raute in die Lücke zwischen den Rechtecken. Achten Sie dabei wieder auf die gestrichelten Linien. Sie zeigen an, dass die Raute mittig zu den anderen Rechtecken steht.

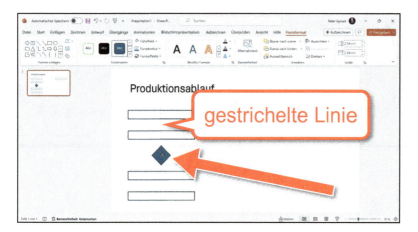

Hinweis: Achten Sie beim Verschieben darauf, dass Sie nicht aus Versehen an einem Markierungspunkt ziehen. Dadurch würden Sie die Größe der Raute verändern.

6.3.7   Farben der Formen ändern

41. Klicken Sie auf das oberste linke Rechteck, um es zu markieren.

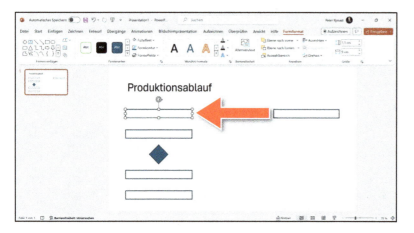

42. Klicken Sie im Register **Formformat** auf den rechten Teil der Schaltfläche **Formkontur** Formkontur ⌄ , um das Listenfeld der Schaltfläche zu öffnen.

Hinweis: Wenn Sie auf das Symbol der Schaltfläche klicken, weisen Sie die voreingestellte Farbe direkt zu. Die Farbpalette zum Auswählen einer Farbe wird nicht geöffnet.

43. Klicken Sie auf die Farbe *Hellgrün*.

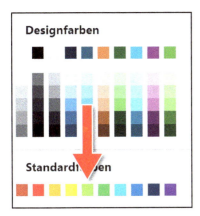

Hinweis: Viele Formen bestehen aus einer Kontur und einer Füllung. Die Kontur ist die äußere Linie der Form. Als Füllung wird der innere Teil der Form bezeichnet. Für die Kontur und die Füllung können unterschiedliche Farben und Eigenschaften eingestellt werden.

44. Stellen Sie auf die gleiche Weise folgende Farben ein.

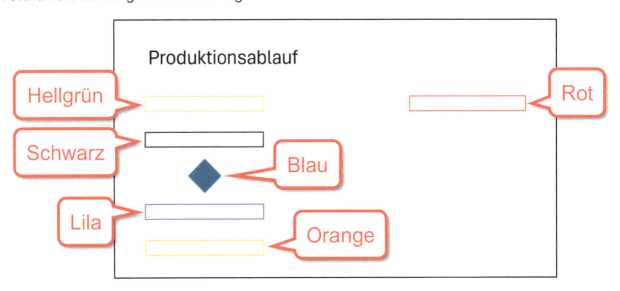

45. Klicken Sie auf die Raute, um sie zu markieren.

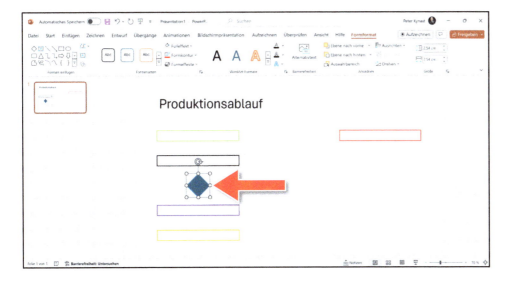

46. Klicken Sie auf das Symbol der Schaltfläche **Fülleffekt** 🖑 , um die Farbe **Weiß** einzustellen.

Hinweis: Die Farbe Weiß wurde bei dieser Übung bereits verwendet (Schritt 14). Sie ist daher in dem Symbol gespeichert und kann über das Symbol direkt abgerufen werden.

6.3.8   Beschriftung der Formen

47. Klicken Sie auf das grüne Rechteck und geben Sie **Anlieferung – Gebäude A** ein. Beginnen Sie direkt mit der Texteingabe. Der Cursor muss vor der Eingabe <u>nicht</u> sichtbar sein.

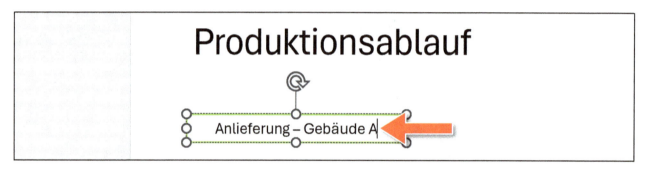

Hinweis: Der kurze Bindestrich (-) wird bei der Eingabe automatisch in den längeren Geviertstrich (–) umgewandelt. Verantwortlich dafür ist die Einstellung: **Datei → Optionen → Dokumentprüfung → AutoKorrektur-Optionen → AutoFormat während der Eingabe → Bindestriche (--) durch Geviertstrich (–)**.

48. Geben Sie folgende weitere Beschriftungen ein.

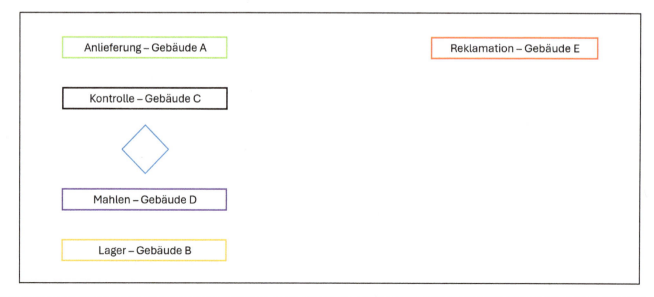

© 2024 - www.wissenssprung.de

49. Klicken Sie auf die Raute, um sie zu markieren.

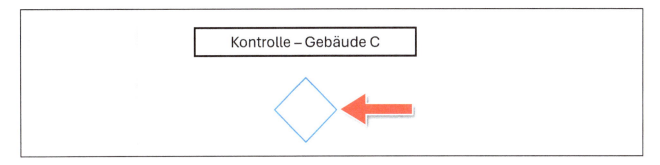

50. Geben Sie in die Raute den Begriff **OK** ein. Beginnen Sie direkt mit der Eingabe. Der Cursor erscheint bei der Eingabe des ersten Zeichens.

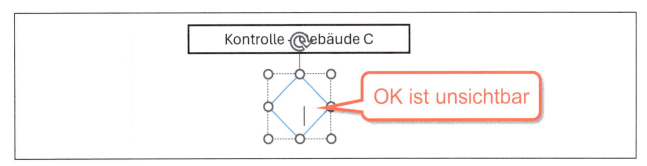

Ergebnis: Die Schriftfarbe in der Raute ist weiß. Das Wort ist daher nicht sichtbar.

51. Klicken Sie auf den Rand der Raute, um sie zu markieren.

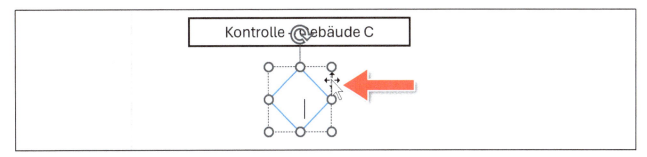

Hinweis: Sobald eine Form Text enthält, muss sie durch einen Klick auf den Markierungsrahmen markiert werden. Sie kann nicht mehr durch mittiges Anklicken markiert werden. Durch mittiges Anklicken setzen Sie den Cursor in die Form.

52. Betrachten Sie das Ergebnis.

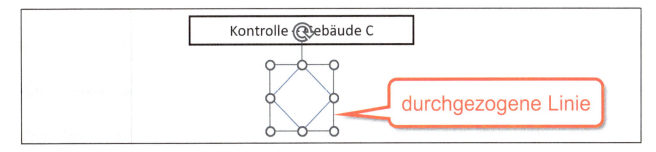

Ergebnis: Die Form ist markiert. Der Rahmen wird mit einer durchgezogenen Linie dargestellt. Der Cursor wird nicht mehr angezeigt.

53. Klicken Sie auf das Register *Start*.

54. Klicken Sie auf das Symbol der Schaltfläche *Schriftfarbe* ⒜, um die Farbe Schwarz einzustellen.

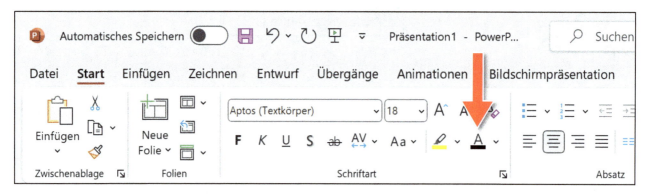

Hinweis: Die Farbe Schwarz wurde bei dieser Übung bereits verwendet (Schritt 19). Sie ist daher in dem Symbol gespeichert und kann über das Symbol direkt wieder abgerufen werden.

55. Klicken Sie auf die Schaltfläche *Schriftgrad verkleinern* ⒜, um die Schriftgröße 16 einzustellen.
56. Betrachten Sie das Ergebnis. Das Wort *OK* wird sichtbar und wird ohne Zeilenumbruch dargestellt.

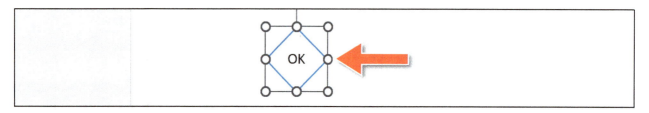

6.3.9   *Verbindungslinien einfügen*

57. Klicken Sie auf das Register *Formformat*.

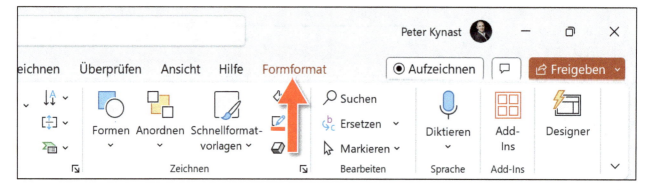

58. Klicken Sie auf die Schaltfläche *Linienpfeil* ⬈ im Feld *Formen*.

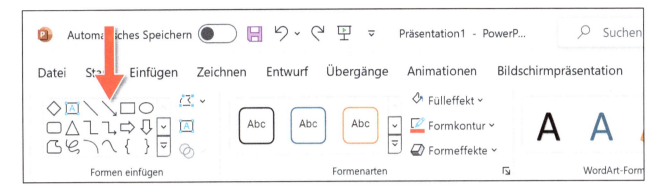

59. Zeigen Sie mit der Maus auf das grüne Rechteck.

Hinweis: Beim Zeigen wird die Maus auf eine bestimmte Stelle gesetzt, ohne zu klicken.

60. Betrachten Sie das Ergebnis.

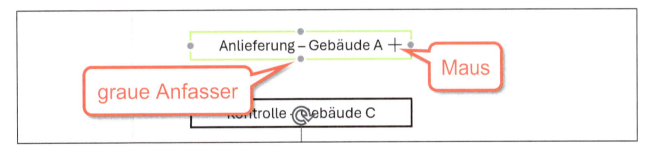

Ergebnis: Es werden vier graue Anfasser eingeblendet. Die Maus wird als dünnes schwarzes Kreuz + dargestellt.

61. Klicken Sie auf den unteren grauen Anfasser und halten Sie die Maustaste gedrückt.

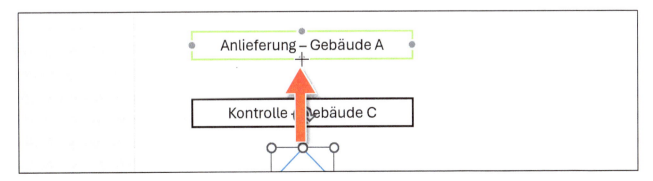

Ergebnis: Die Maus wird als dünnes Kreuz + dargestellt.

62. Ziehen Sie die Maus <u>genau</u> auf den oberen grauen Anfasser des schwarzen Rechteckes. Die grauen Punkte erscheinen erst, wenn Sie das untere Rechteck berühren.

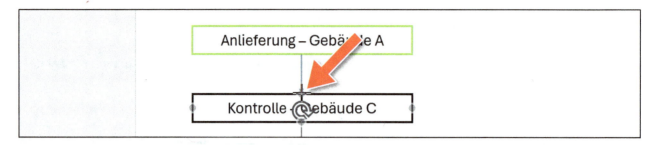

Hinweis: Wenn ein Pfeil von Anfasser zu Anfasser gezogen wird, entsteht eine feste Verbindung. Sollte eines der Rechtecke später verschoben werden, bleibt diese Verbindung bestehen.

63. Betrachten Sie das Ergebnis. Die beiden Anfasser werden als grüne Punkte angezeigt.

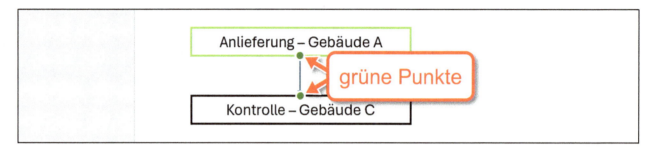

Hinweis: Die grüne Farbe der Punkte bedeutet, dass es sich um eine feste Verbindung handelt. Andernfalls würden die Punkte in weißer Farbe dargestellt.

6.3.10   Pfeileigenschaften ändern

64. Klicken Sie auf den rechten Teil der Schaltfläche **_Formkontur_** [🖊 Formkontur ⌄].

65. Klicken Sie auf die Farbe **_Schwarz_**, um dem Pfeil diese Farbe zuzuweisen.

66. Klicken Sie erneut auf die Schaltfläche *Formkontur → Stärke → 2 ¼ Pt.*, um diese Stärke (Dicke) für den Pfeil einzustellen.

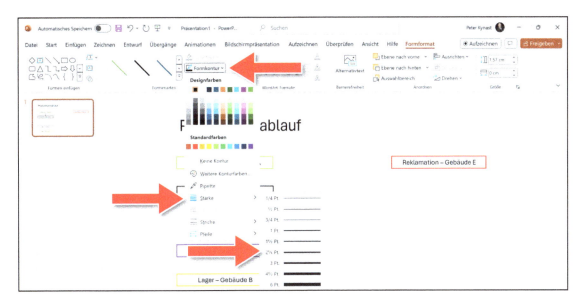

67. Fügen Sie nach dem gleichen Prinzip Pfeile für die darunterliegenden Formen ein. Stellen Sie für alle Pfeile die Farbe *Schwarz* und die Stärke *2 ¼ Pt*. ein. Betrachten Sie das Ergebnis.

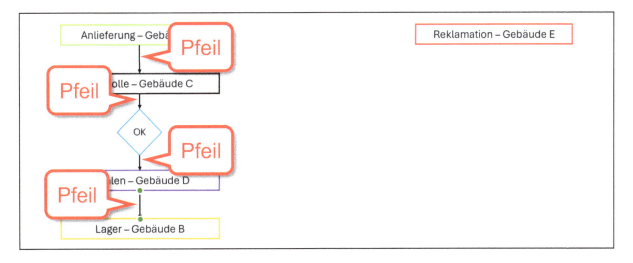

6.3.11   Gewinkelte Verbindung einfügen

68. Klicken Sie im Register *Formformat* im Feld *Formen* auf die Schaltfläche *Verbinder: gewinkelt mit Pfeil* ⌐ .

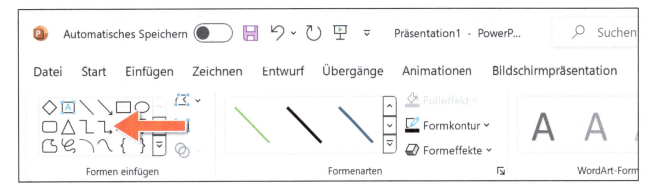

69. Zeigen Sie mit der Maus auf den rechten grauen Anfasser der Raute.

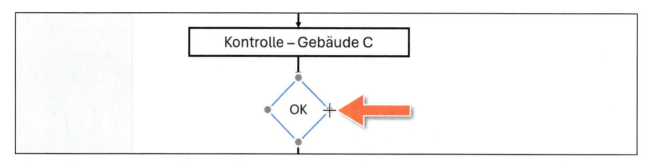

Ergebnis: Die Maus wird als dünnes Kreuz ╋ dargestellt.

Hinweis: Die grauen Anfasser erscheinen erst, wenn Sie mit der Maus auf die Raute zeigen.

70. Ziehen Sie die Maus auf den unteren Anfasser des roten Rechteckes.

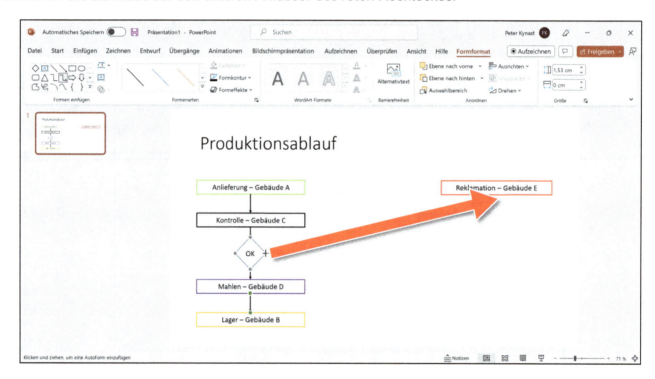

Hinweis: Die grauen Anfasser erscheinen erst, wenn sich die Maus über dem roten Rechteck befindet.

71. Betrachten Sie das Ergebnis.

72. Stellen Sie für den gewinkelten Pfeil wieder die Farbe **Schwarz** und die Stärke **2 ¼ Pt**. ein.

6.3.12   Textfelder einfügen

Bisher wurden die Texte auf den Folien entweder in Platzhaltern oder in Formen eingefügt. Textfelder stellen eine weitere Möglichkeit dar, Texte auf einer Folie zu platzieren. Technisch gesehen sind Textfelder und Formen identisch. Ein Unterschied besteht darin, dass Textfelder bei der Erstellung farblos sind. Sie können aber auch Textfeldern Farben für Fülleffekte und Formkonturen zuweisen.

73. Klicken Sie auf das Register **Einfügen**.

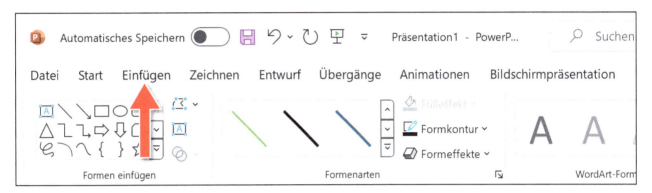

74. Klicken Sie auf die Schaltfläche **Textfeld**.

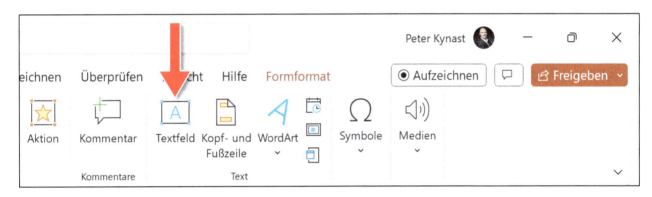

75. Klicken Sie auf eine freie Stelle auf der Folie, um das Textfeld einzufügen. Betrachten Sie das Ergebnis.

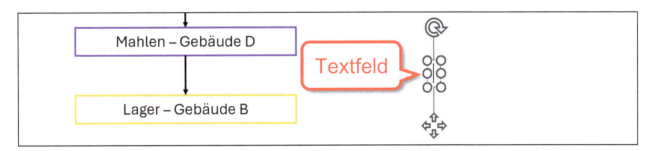

Ergebnis: Das Textfeld wird eingefügt. Der Cursor blinkt im Textfeld.

76. Geben Sie das Wort **Nein** im Textfeld ein.

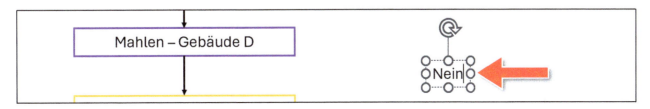

77. Erzeugen Sie über das Register **Einfügen** ein weiteres Textfeld und geben Sie das Wort **Ja** ein.

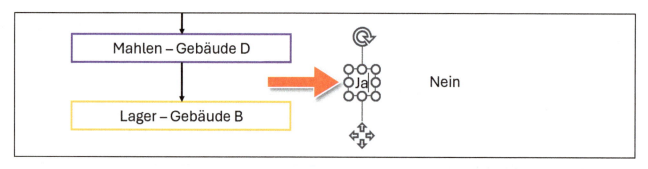

78. Zeigen Sie mit der Maus auf den Rand des Textfeldes. Setzen Sie die Maus dabei <u>zwischen</u> die Markierungspunkte. Achten Sie darauf, dass der Mauszeiger als weißer Pfeil mit vier schwarzen Pfeilen dargestellt wird.

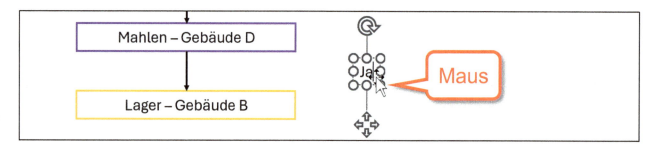

Hinweis: Dieser Mauszeiger symbolisiert das Verschieben von Objekten.

79. Ziehen Sie das Textfeld **Ja** auf die angezeigte Position.

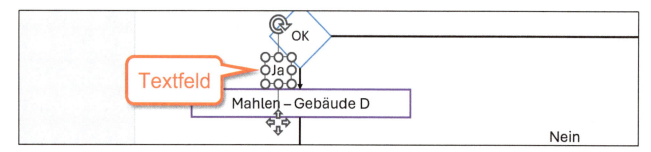

80. Klicken Sie auf das Wort **Nein**, um das Textfeld zu markieren.

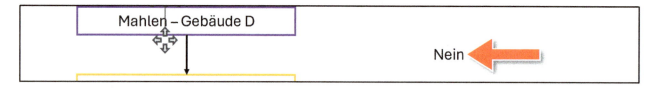

Ergebnis: Der Rahmen des Textfeldes wird sichtbar.

81. Zeigen Sie mit der Maus auf den Rand des Textfeldes zwischen den Markierungspunkten.

82. Ziehen Sie das Textfeld auf die angezeigte Position.

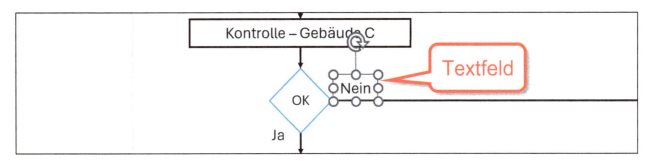

6.3.13   Animationen

Der Produktionsablauf soll in einer logischen Reihenfolge animiert werden.

83. Klicken Sie auf das grüne Rechteck, um es zu markieren.

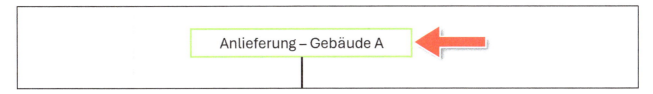

84. Klicken Sie auf das Register *Animationen*.

85. Klicken Sie auf den Effekt *Hineinschweben*.

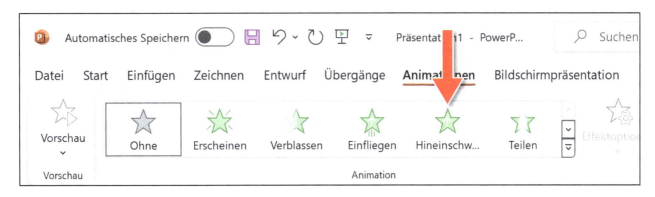

Ergebnis: Die Animation wird einmal abgespielt. Das Rechteck wird von unten aufsteigend einge-blendet. Links neben dem Rechteck wird die Nummer der Animation (1) angezeigt.
Hinweis: Der Name der Schaltfläche *Hineinschweben* ist nicht vollständig zu lesen. Mit der Schaltfläche *Vorschau* können Sie die Animation jederzeit erneut abspielen lassen.

86. Betrachten Sie die Nummer der Animation.

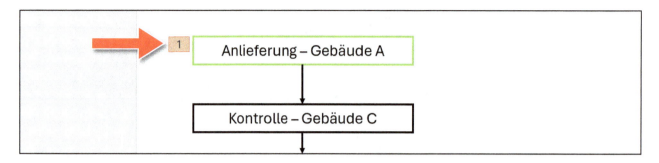

Hinweis: Die Nummern geben die Reihenfolge der Objekte an. Das Objekt mit der Nummer 1 erscheint nach dem ersten Klick. Objekte ohne Nummer haben keine Animation.

87. Klicken Sie auf den ersten Pfeil, um ihn zu markieren.

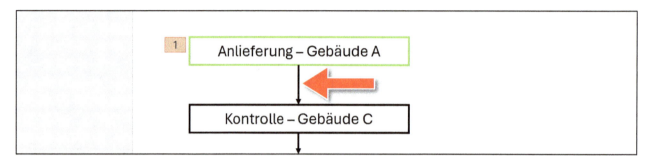

88. Halten Sie die Taste **Steuerung** Strg gedrückt und klicken Sie auf das schwarze Rechteck, um beide Objekte zu markieren.

89. Betrachten Sie das Ergebnis. Der Pfeil und das Rechteck sind markiert (ausgewählt).

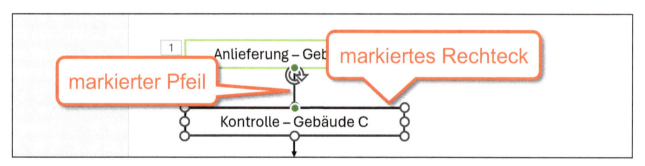

Hinweis: Der Pfeil soll zusammen mit dem schwarzen Rechteck eingeblendet werden. Daher werden beide Formen zuerst markiert.

90. Klicken Sie erneut auf den Effekt **Hineinschweben**, um ihn den beiden Objekten zuzuweisen.

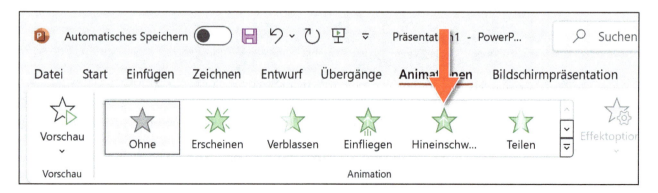

91. Betrachten Sie das Ergebnis.

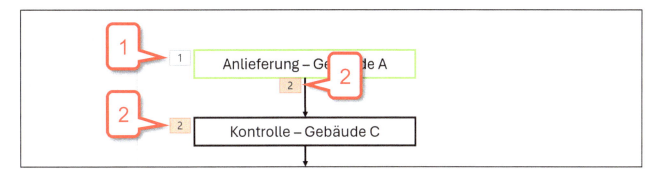

Ergebnis: Der Pfeil und das schwarze Rechteck werden mit der Animationsnummer 2 gekennzeichnet.

Hinweis: Die beiden Objekte werden in der laufenden Präsentation mit dem zweiten Klick angezeigt. Gleiche Nummern bedeuten, dass diese Animationen <u>gleichzeitig</u> ausgeführt werden.

92. Klicken Sie auf den Pfeil zwischen dem schwarzen Rechteck und der Raute, um ihn zu markieren.

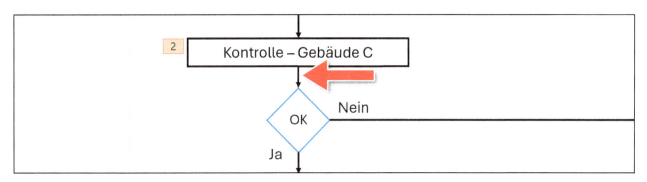

93. Halten Sie die Taste **Steuerung** `Strg` gedrückt und klicken Sie auf die Raute, den Pfeil unter der Raute, das lila Rechteck und das Textfeld **Ja**, um diese fünf Formen zu markieren.

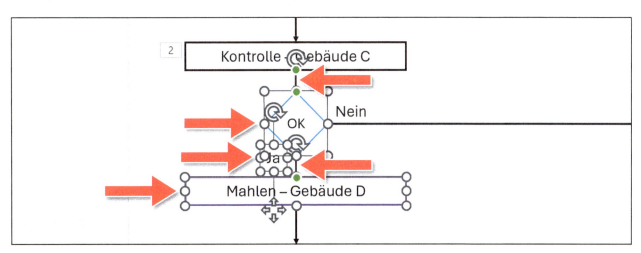

Hinweis: Drücken Sie die Taste **Steuerung** erst <u>nachdem</u> Sie den ersten Pfeil angeklickt haben. Durch den ersten Klick ohne die Taste Steuerung markieren Sie den Pfeil und heben andere, eventuell noch bestehende Markierungen auf.

94. Lassen Sie die Taste **Steuerung** `Strg` wieder los.

95. Klicken Sie erneut auf den Effekt *Hineinschweben*, um ihn den fünf Objekten zuzuweisen.

96. Betrachten Sie das Ergebnis.

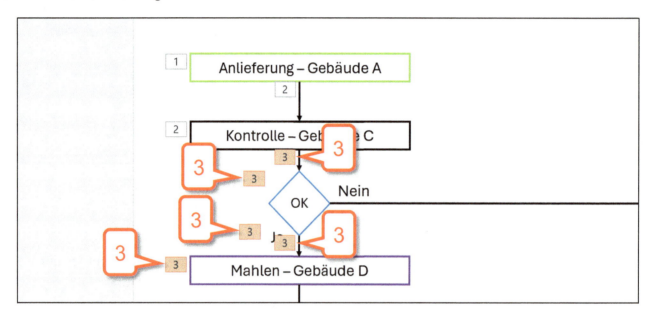

Ergebnis: Die fünf Formen werden mit der Animationsnummer 3 gekennzeichnet.

97. Markieren Sie den untersten Pfeil und das orange Rechteck und weisen Sie auch diesen Formen wieder den Effekt *Hineinschweben* zu. Betrachten Sie das Ergebnis.

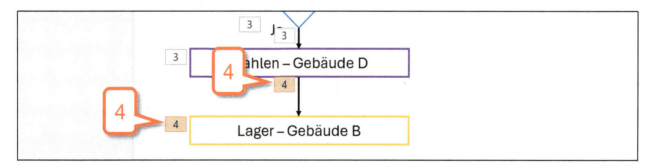

98. Markieren Sie das rote Rechteck, den gewinkelten Pfeil und das Textfeld *Nein* und weisen Sie ihnen auch den Effekt *Hineinschweben* zu.

6.3.14 Präsentation automatisch abspielen

Die Präsentation soll automatisch und kontinuierlich ablaufen. Dazu wird nachfolgend für jedes Objekt eine Anzeigezeit eingestellt.

99. Klicken Sie auf das Register *Bildschirmpräsentation*.

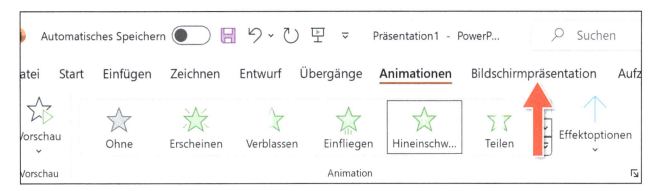

100.   Betrachten Sie das Ergebnis.

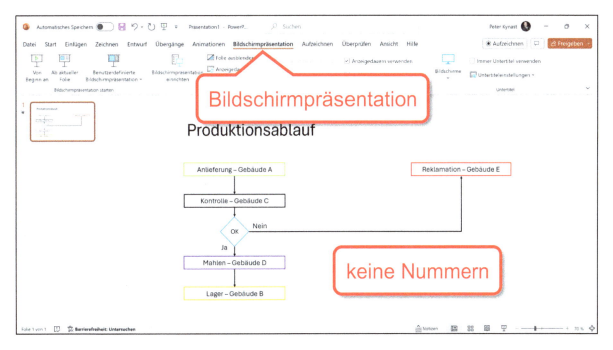

Ergebnis: Beim Verlassen des Registers *Animationen* verschwinden die Nummern der Animationen. Die Nummern sind nur zu sehen, wenn das Register Animationen aktiviert ist.

101.   Klicken Sie auf die Schaltfläche *Anzeigedauern testen*.

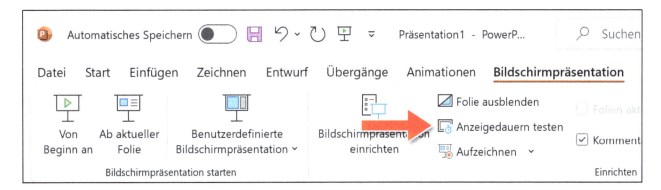

Ergebnis: Die Präsentationsansicht wird aufgerufen. Dabei wird automatisch eine Zeitmessung vorgenommen. Microsoft spricht hier von den sogenannten *Anzeigedauern*.

Hinweis: Der Begriff Anzeigedauern steht für Anzeigezeiten oder Einblendezeiten.

102.   Betrachten Sie das Ergebnis.

Ergebnis: Die Präsentation wird in der Präsentationsansicht gestartet. In der linken oberen Ecke wird eine Zeitmessung eingeblendet.

103.   Klicken Sie an beliebiger Stelle auf die Folie, um das nächste Element aufzurufen.

Hinweis: Die Zeitmessung stoppt die Dauer zwischen den einzelnen Einblendungen. Durch die Pause bis zum nächsten Objekt bestimmen Sie die spätere Anzeigezeit.

104.   Betrachten Sie das Ergebnis.

Ergebnis: Das grüne Rechteck wird eingeblendet. Die Dauer zwischen dem Starten der Präsentation und dem Anzeigen des Rechteckes wird gespeichert.

105.   Klicken Sie erneut auf die Folie und betrachten Sie das Ergebnis.

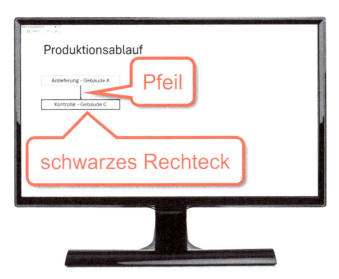

Ergebnis: Die Pause zwischen dem grünen und dem schwarzen Rechteck wird gespeichert. Der Pfeil und das schwarze Rechteck erscheinen gleichzeitig, da sie die gleiche Nummer bei der Animation haben.

106.   Klicken Sie so oft auf die Folie, bis alle Objekte sichtbar sind.

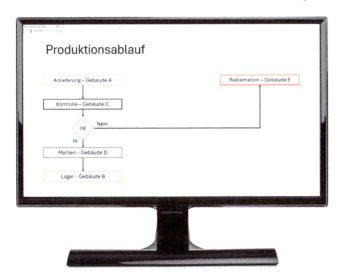

Hinweis: Die Pausen, die Sie zwischen den einzelnen Klicks einhalten, werden als Anzeigezeiten gespeichert.

107.   Klicken Sie erneut auf die Folie, um sie zu beenden. Betrachten Sie das Ergebnis.

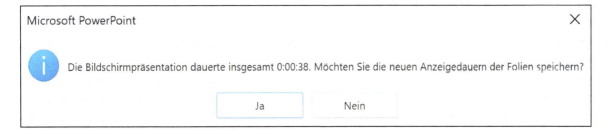

Ergebnis: Eine Meldung wird eingeblendet. Sie zeigt die Gesamtdauer der eingestellten Zeiten an. Sie werden gefragt, ob die Zeiten gespeichert werden sollen.

108.   Klicken Sie auf *Ja*, um die Zeiten dauerhaft in der Präsentation zu speichern.
       Hinweis: Der Vorgang zum Einstellen der Zeiten kann jederzeit wiederholt werden. Die alten Zeiten
       werden dadurch überschrieben.

6.3.15   Präsentation endlos abspielen lassen

109.   Klicken Sie auf die Schaltfläche *Bildschirmpräsentation einrichten*.

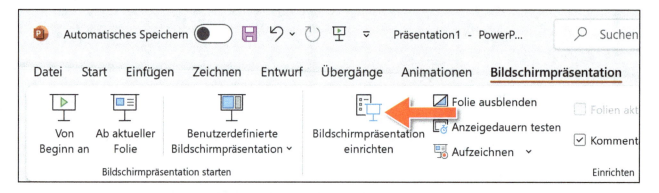

Ergebnis: Das Dialogfenster *Bildschirmpräsentation einrichten* wird aufgerufen.

110.   Klicken Sie auf das Kontrollkästchen *Wiederholen, bis "Esc" gedrückt wird*, um es zu aktivie-
       ren.

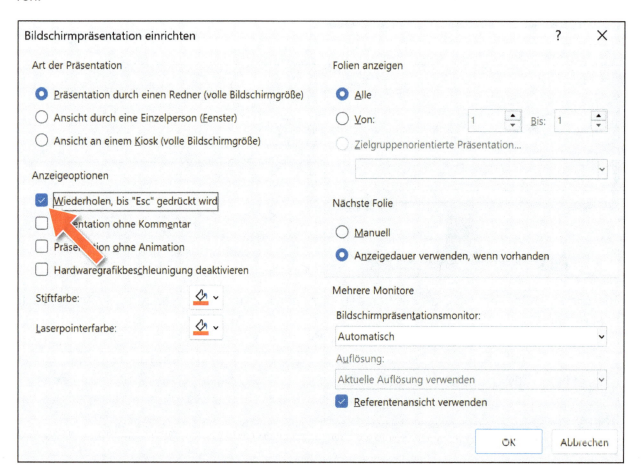

111.   Klicken Sie auf die Schaltfläche **OK**, um die Einstellung zu übernehmen und das Dialogfenster
zu schließen.

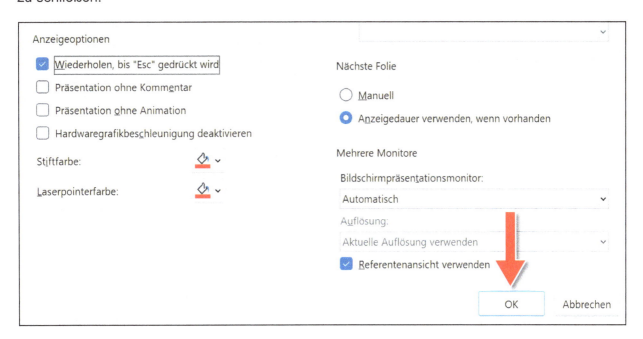

112.   Klicken Sie im Register **Bildschirmpräsentation** auf die Schaltfläche **Von Beginn an**, um die
Präsentation zu starten. Betrachten Sie das Ergebnis.

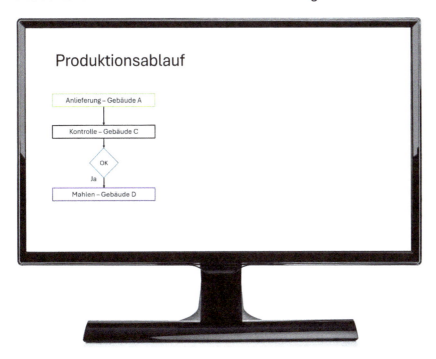

Ergebnis: Die Präsentation wird automatisch abgespielt. Alle Elemente erscheinen mit den ihnen
zugewiesenen Zeiten. Sobald ein Durchlauf beendet ist, beginnt die Präsentation automatisch von
vorne.

Hinweis: Sie können eine automatisch ablaufende Präsentation jederzeit mit der Taste ⎡Pause⎤
anhalten oder mit der Taste **Escape** ⎡Esc⎤ beenden.

113.   Drücken Sie die Taste **Escape** ⎡Esc⎤, um die Präsentation zu beenden.

Ergebnis: Die Normalansicht wird wieder aufgerufen.

6.3.16 Abschluss

114. Klicken Sie auf die Schaltfläche **Speichern** 💾, um den Speichervorgang zu starten.

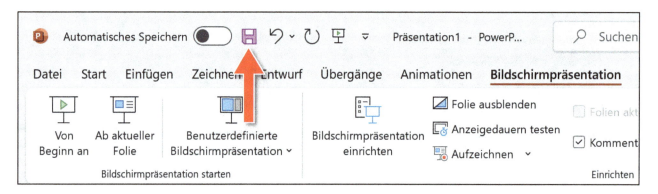

115. Betrachten Sie das Ergebnis.

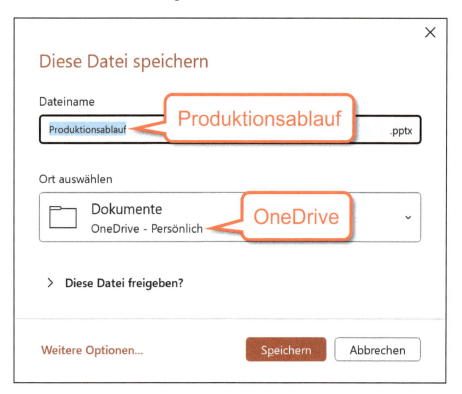

Ergebnis: Das Dialogfenster **Diese Datei speichern** wird eingeblendet. Der Titel der Präsentation **Produktionsablauf** wird als Dateiname vorgeschlagen. Auch ein Speicherort ist bereits ausgewählt. Es handelt sich dabei um Ihren **OneDrive**. Sie können beide Angaben auf Wunsch ändern.
Hinweis: Der OneDrive ist Ihr persönlicher Speicher im Internet. Wählen Sie diesen Speicher aus, wenn Sie auf die Präsentation von verschiedenen Standorten oder Computern zugreifen möchten. Wenn Sie diese Präsentation nur an einem Computer verwenden, können Sie die Datei auch im Ordner **Dokumente** speichern. Wenn Sie diese Schulungsunterlage in einem EDV-Kurs durcharbeiten, sollten Sie eventuell ein anderes Speicherziel verwenden. Fragen Sie Ihren dortigen Ansprechpartner.

116. Ändern Sie auf Wunsch den Dateinamen und den Speicherort.

117.   Klicken Sie auf die Schaltfläche **Speichern**, um die Präsentation zu speichern.

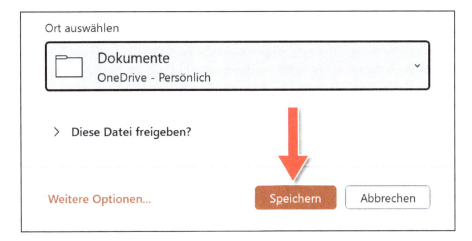

6.3.17   Programm schließen

118.   Klicken Sie auf die Schaltfläche **Schließen** ☒ , um PowerPoint zu schließen.

Liebe Leserin, lieber Leser,

Wissenssprung ist ein kleines Unternehmen. Bitte unterstützen Sie uns mit Ihrer Buchbewertung bei Amazon.

Herzlichen Dank, Ihr Peter Kynast ❤️

Ihre Bewertung können Sie mit einem Klick in Ihren Amazon-Bestellungen abgeben. Auch wenn Sie das Buch nicht selbst gekauft haben, können Sie eine Bewertung machen. Suchen Sie auf Amazon nach „Peter Kynast" und klicken Sie auf der Produktseite auf „Kundenrezension verfassen" oder scannen Sie diesen QR-Code. Mit ihm gelangen Sie direkt zur Bewertung.

Abschnitt 2

Erklärungen

Inhalte dieses Abschnittes:

- wichtige Vorgänge
- Grundregeln
- Begriffe

7   Erklärung: Wichtige Vorgänge

Folgende Vorgänge sind für das Arbeiten mit PowerPoint und das Präsentieren wichtig.

Nr.	Sie möchten...	Vorgang
1.	...die nächste Folie in der Normalansicht aufrufen.	• Taste **Bild ab** Bild ▼ • Pfeiltaste **Runter** ↓ (Cursor darf dabei nicht in einem Platzhalter oder Textfeld stehen) • das Mausrad um eine Raste nach hinten drehen
2.	...die vorherige Folie in der Normalansicht aufrufen.	• Taste **Bild auf** Bild ▲ • Pfeiltaste **Hoch** ↑ (Cursor darf dabei nicht in einem Platzhalter oder Textfeld stehen) • das Mausrad um eine Raste nach vorne drehen
3.	...die Präsentation starten.	• Taste F5 • Register **Bildschirmpräsentation → Von Beginn an**
4.	...die laufende Präsentation beenden.	• Taste **Escape** Esc
5.	...das nächste Element der laufenden Präsentation aufrufen, z. B. Folie, Text oder Grafik.	• Mit der Maustaste auf die Folie klicken • **Leertaste** • Taste **Enter** ↵ • Pfeiltaste **Rechts** → • Taste **Bild auf** Bild ▲ • Mausrad um eine Raste nach hinten drehen
6.	...das vorherige Element der laufenden Präsentation aufrufen, z. B. Folie, Text oder Grafik.	• Taste **Löschen** ← • Pfeiltaste **Links** ← • Taste **Bild ab** Bild ▼ • Mausrad um eine Raste nach vorne drehen
7.	...weitere Infos zur Steuerung der Präsentation erhalten.	• Taste F1 in der laufenden Präsentation drücken
8.	...eine automatisch laufende Präsentation abbrechen.	• Taste **Escape** Esc
9.	...eine automatisch laufende Präsentation pausieren.	• Taste Pause
10.	...eine pausierte Präsentation weiterlaufen lassen.	• Taste Pause • mit der Maustaste auf die Folie klicken • **Leertaste** • Taste **Enter** ↵ • Pfeiltaste **Rechts** → • Taste **Bild auf** Bild ▲ • Mausrad um eine Raste nach hinten drehen

8   Erklärung: Grundregeln

Folgende Grundregeln und Hinweise sollten Sie beim Erstellen einer Präsentation beachten.

1. Eine gute Präsentation hat viel mit Psychologie zu tun. Dazu ist ein hohes Maß an Einfühlungsvermögen notwendig. Schauen Sie sich gute Präsentationen an und fragen Sie sich, warum diese Präsentationen gut angenommen werden und beim Betrachter den gewünschten Erfolg haben.

2. Das Ziel einer Präsentation ist es, Informationen für den Betrachter gut aufzubereiten und zu bündeln. Die Inhalte sollen leicht verständlich und einprägsam sein.

3. Versetzen Sie sich in die Lage Ihrer Zuschauer. Betrachten Sie Ihre Präsentation mit den Augen Ihrer Zuschauer. Fragen Sie sich, wie sie die Informationen präsentiert bekommen möchten. Was ist für Ihre Zielgruppe wichtig und interessant? Ist das Gezeigte wirklich verständlich und ansprechend?

4. Überlegen Sie sich, was Sie mit der Präsentation sagen und erreichen wollen. Überlegen Sie sich im Vorfeld, was das Kernthema Ihrer Präsentation ist. Bleiben Sie bei diesem Thema und springen Sie nicht zwischen verschiedenen Themen hin und her.

5. Strukturieren Sie die Inhalte nachvollziehbar. Entwickeln Sie einen klar erkennbaren roten Faden für Ihre Präsentation.

6. Halten Sie Texte in PowerPoint so kurz wie möglich und reduzieren Sie die Informationen auf kurze Stichpunkte oder einzelne Wörter. Ganze Sätze kommen in einer Präsentation nur sehr selten vor. Bei vielen Profis gelten sie sogar als absolutes Tabu.

7. Verstärken Sie Ihre Texte durch passende Bilder und Grafiken. Achten Sie auf die grafische Qualität der Bilder und auf die Urheberrechte.

8. Verwenden Sie Animationen, um Texte und Grafiken nacheinander einzublenden. Dadurch helfen Sie dem Betrachter sich auf das zu konzentrieren, was gerade wichtig ist.

9. Verwenden Sie im geschäftlichen Umfeld ausschließlich dezente Animationen, z. B. Erscheinen, Verblassen oder Hineinschweben. Ausgefallene Animationen, z. B. Spirale oder Hüpfen können Ihre Präsentation abwerten oder unseriös erscheinen lassen. Setzen Sie verspielte Effekte daher ausschließlich im privaten Umfeld oder in einem passenden Rahmen ein.

10. Wenn Sie Ihre Präsentation als Handout herausgeben, geben Sie es erst nach Ihrem Vortrag weiter. Wenn Sie es vor der Präsentation aushändigen, werden die Teilnehmer sehr wahrscheinlich anfangen zu lesen und Ihnen nicht mehr mit voller Aufmerksamkeit folgen.

11. Schriften werden in PowerPoint deutlich größer verwendet als z. B. in Word. Achten Sie in großen Räumen darauf, dass Zuschauer in den hinteren Reihen die Texte gut lesen können.

12. Achten Sie auf eine einheitliche Gestaltung der Folien. Wenn Sie eine geschäftliche Präsentation anfertigen, halten Sie sich an die Designvorgaben des Unternehmens. Diese Vorgaben werden auch als Corporate Design bezeichnet (engl.: corporate = gemeinsam, gesellschaftlich, unternehmensweit).

13. Überfüllen Sie die Folien nicht. Verteilen Sie die Inhalte besser auf mehrere Folien.

14. Überfordern Sie Ihre Zuschauer nicht. Die Menge an Informationen, die Menschen aufnehmen und verarbeiten können, ist begrenzt! Viele PowerPoint-Präsentationen überschreiten dieses Maß leider deutlich. Dies kann zu Ermüdung und Frustration führen.

15. Schauen Sie Ihre Zuschauer bei der Präsentation an. Suchen Sie die aktive Kommunikation und gestalten Sie Ihre Präsentation lebendig. Lesen Sie die Inhalte nicht einfach nur ab.

9   Erklärung: Begriffe

Die nachfolgende Liste enthält Erklärungen zu Begriffen in dieser Schulungsunterlage.

Nr.	Begriff	Erklärung
1.	Animation	Animationen sind Effekte für die Texte, Bilder und Grafiken einer Präsentation. Durch Animationen können Sie auch die Reihenfolge bestimmen, mit der die Inhalte auf einer Folie erscheinen.
2.	Beamer	Ein Beamer (engl.: to beam = strahlen) ist ein Projektor. Er wirft bzw. projiziert das Bild, das im Computer entsteht, auf eine Wand oder Leinwand.
3.	Bullet-Point	Ein Bullet-Point ist ein Aufzählungspunkt (engl.: bullet = Kugel, point = Punkt) in einer Aufzählung.
4.	Diagramm	Um Zahlen leichter lesen zu können, werden oft Diagramme eingesetzt. Diagramme stellen Zahlen in grafischer Form dar. Typische Einsatzgebiete von Diagrammen sind Wahlergebnisse oder Umsatzzahlen. Dabei werden oft z. B. Säulen- oder Tortendiagramme eingesetzt.
5.	Folie	Eine Folie entspricht dem Inhalt eines Bildschirmes während der Präsentation. Der Begriff Folie geht zurück auf den Overheadprojektor. Dieses Präsentationsgerät wurde früher eingesetzt, um Texte und Grafiken von beschrifteten Klarsichtfolien auf eine Leinwand zu projizieren.
6.	Folienlayout	In dem Folienlayout sind die Anzahl, die Größe, die Position und die Art der Platzhalter vorgegeben. Das Folienlayout kann aber zu jedem Zeitpunkt geändert werden.
7.	Google Maps	Google Maps ist ein Angebot für geografische Karten. Es wird von der Firma Google bereitgestellt. Typische Leistungen von Google Maps sind Satellitenaufnahmen, Landkarten und Routenplanung.
8.	Handout	Handouts (engl.: to hand out = aushändigen) werden oft bei Seminaren oder Vorträgen verteilt. Es handelt sich dabei meistens um eine Zusammenfassung der Veranstaltung in Papierform. Auch die Folien einer PowerPoint-Präsentation können ausgedruckt und als Handout weitergereicht werden.
9.	Microsoft Office	Microsoft Office ist der Name eines Programmpaketes der Firma Microsoft. Es enthält Programme, die häufig im Büroalltag verwendet werden. Hierzu zählen z. B. Microsoft Word, Excel, PowerPoint oder Outlook.
10.	OneDrive	OneDrive ist Ihr persönlicher Speicher im Internet. Mit OneDrive als Speicherort können Sie eine Datei von mehreren Standorten und Geräten aus öffnen.
11.	Organigramm	Organigramme sind grafische Darstellungen von komplexen Zusammenhängen. Ein typisches Organigramm ist das hierarchische Organigramm. Es wird eingesetzt, um z. B. die Entscheidungsstrukturen einer Firma oder andere Hierarchien abzubilden.
12.	Screenshot	Ein Screenshot (engl.: screen = Bildschirm, shot = Schnappschuss) ist ein Foto von einem Computerbildschirm.
13.	SmartArts	SmartArts sind grafische Objekte, mit denen Sie Textinformationen visualisieren können. Häufig eingesetzte SmartArts sind das hierarchische Organigramm oder das Radialdiagramm.
14.	WordArt	Mit der Funktion WordArt können Sie vielseitige Texteffekte kreieren, z. B. Farbverläufe, Schatten oder 3D-Texte. Die Gestaltungsmöglichkeiten von WordArt sind deutlich umfangreicher als bei den einfachen Schriftformaten.
15.	Zwischenablage	Die Zwischenablage ist ein unsichtbarer Speicher. Beim Kopieren von Texten und Bildern werden diese Inhalte in die Zwischenablage übertragen und können von dort aus an anderer Stelle wieder eingefügt werden.

10   Stichwortverzeichnis

Mit dieser Auflistung können Sie Themen in dieser Unterlage nachschlagen. Zum besseren Auffinden sind einige Inhalte mit mehreren Stichwörtern hinterlegt.

Weitere Bücher von Wissenssprung

Scannen Sie den jeweiligen QR-Code mit Ihrer Handykamera, um das Buch bei Wissenssprung oder Amazon aufzurufen.

Word 365 - Teil 1

Wissenssprung   **Amazon**

Excel 365 - Tipps + Tricks - Teil 1

Wissenssprung   **Amazon**

Excel 365 - Teil 1

Wissenssprung   **Amazon**

Excel 365 - Teil 2

Wissenssprung   **Amazon**